발 행 일	2025년 07월 15일(1판 1쇄)
I S B N	979-11-92695-65-5(13000)
정 가	14,000원
집 필	이지은, 이다진, 양은정
진 행	김동주
본문디자인	디자인앨리스
발 행 처	㈜아카데미소프트
발 행 인	유성천
주 소	경기도 파주시 정문로 588번길 24
홈 페 이 지	www.aso.co.kr

이 책은 저작권법에 따라 보호를 받는 저작물이므로 무단 전재와 무단 복제를 금지하며, 이 책 내용의 전부 또는 일부를 이용하려면 반드시 ㈜아카데미소프트의 서면동의를 받아야 합니다.

[꼬물이 미리보기] 이렇게 만들었어요.

 쉽고 간단한 꼬물이 시리즈의 [엑셀 2021] 교재는 이렇게 만들었어요.

◀ **잠자는 뇌를 깨우는 5분 스트레칭**

- 수업 시작전 컴퓨터 교실에 오면 **K마블 프로그램으로 타자연습**을 시작합니다. K마블은 다양한 학습 게임으로 구성된 타자연습 프로그램입니다.
- 수업이 시작되면 간단한 **넌센스 퀴즈**로 잠자는 컴퓨팅 사고력의 뇌를 깨워봅니다. 선생님께서 답을 알려주시면 너무 쉬운데..

미리보기와 캐릭터를 통한 핵심 키워드 설명 & 본문 따라하기 ▶

오늘 배울 내용과 작품을 먼저 미리보면서 어떤 것을 작성할지 확인합니다. 또한 캐릭터들의 대화를 보면서 핵심 키워드를 이해합니다. 선생님 설명과 함께 하나씩 따라하면 쉽게 작업할 수 있어요.

◀ **미션 뚝딱뚝딱으로 문제해결능력과 컴퓨팅 사고력 UP**

각 차시가 끝나면 앞에서 배운 내용으로 스스로 작품을 만들어 보고 문제해결능력을 증진합니다. 또한 타자 학습 게임으로 미션을 마무리합니다.

꼬물이 엑셀 2021

4차시마다 평가_내 맘대로 해결사되기 ▶

일반적인 교재에는 8차시 또는 12차시마다 함축된 종합평가를 4차시마다 제공하여 이전 3차시에서 배운 내용을 스스로 해결함은 물론 내 맘대로 조건을 변경하여 사고력과 독창성을 발휘하도록 하였습니다. 또한 각 문제마다 해결할 수 있는 방법을 힌트 형태로 제공하여 쉽게 접근 할 수 있도록 하였습니다.

◀ 4차시마다 이렇게 만들어 보아요

각 문제마다 해결할 수 있는 방법을 힌트 형태로 제공하여 쉽게 접근할 수 있도록 하였습니다.

MEMO 대신 컴퓨터 & 상식 만화 ▶

빈 페이지를 메모 페이지로 구성한 기존 교재와 달리 우리 친구들이 궁금해 하는 컴퓨터와 인공지능 등의 상식을 만화로 구성하여 제공합니다.

목차

007 01 차시

어떤 동물을 탐험할까?

013 02 차시

먹이에 따라 분류하기

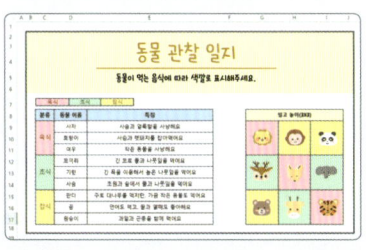

019 03 차시

누구 키가 제일 클까?

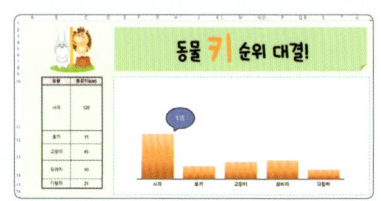

026 04 차시

내 맘대로 해결사 되기!

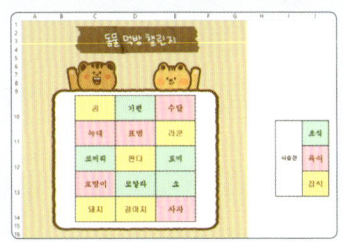

029 05 차시

냥이의 호기심 퀴즈

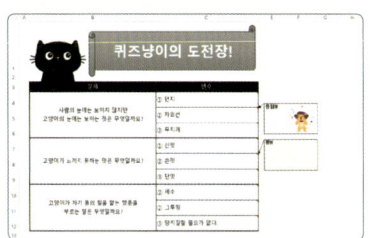

037 06 차시

동물 탐험 카드북

043 07 차시

나를 지켜줄 동물 수호신(십이지신)

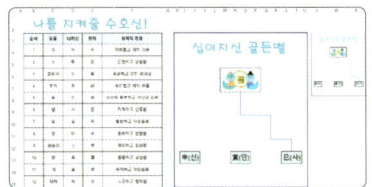

050 08 차시

내 맘대로 해결사 되기!

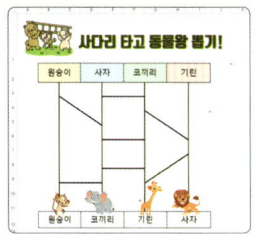

053 09 차시

동물들은 하루에 물을 얼마나 마실까?

059 10 차시

판다야, 어디 살고 있니?

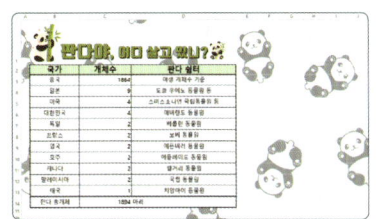

065 11 차시

누가 가장 무거울까?

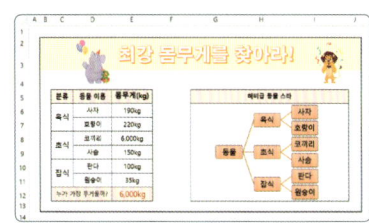

072 12 차시

내 맘대로 해결사 되기!

꼬물이 엑셀 2021

075 13 차시
탐험대 지원서 만들기

081 14 차시
탐험대 일정표 만들기

087 15 차시
탐험일지 만들기

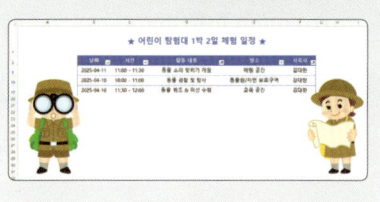

094 16 차시
내 맘대로 해결사 되기!

097 17 차시
달리기 왕은 누구일까?

103 18 차시
국가별 동물원 수와 동물 수 비교하기

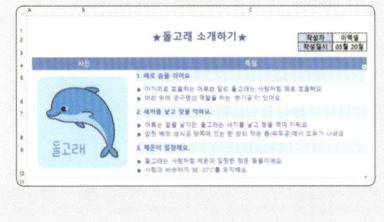
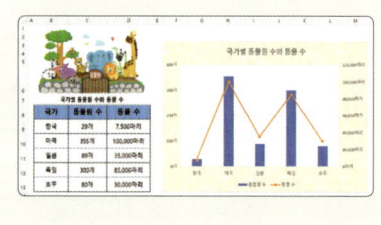

109 19 차시
멸종위기등급 원형차트 만들기

116 20 차시
내 맘대로 해결사 되기!

119 21 차시
나만의 동물도감 만들기

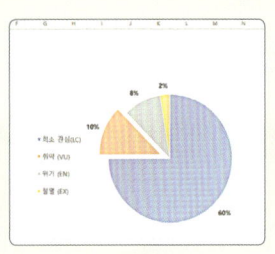

125 22 차시
삐약이의 성장 과정 기록하기

131 23 차시
동물들이 하루에 먹는 먹이의 양

138 24 차시
내 맘대로 해결사 되기!

休 알아두면 좋은 컴퓨터 상식

CHAPTER 01 잠자는 뇌를 깨우는 5분 스트레칭

4분 K마블 타자연습으로 잠자는 손가락을 깨워요^^   평균 타수 :

연습하고 싶은 학습 게임을 선택해서 연습해 보아요.

 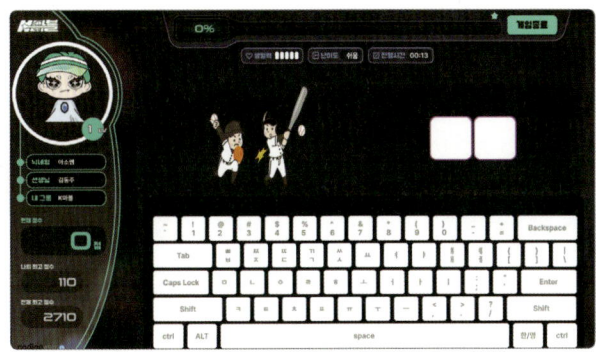

1분 넌센스 퀴즈로 잠자는 뇌를 깨워요^^

그림을 보고 숨은 단어를 찾아 '○' 표시 해주세요. (가로, 세로, 대각선)

호	룩	토	끼	고
돌	사	랑	이	사
고	얼	슴	지	자
래	돼	리	오	수
라	고	슴	도	치

사자 사슴 토끼 돌고래

CHAPTER 01 어떤 동물을 탐험할까?

이런 것 배워요!
- 엑셀 프로그램을 사용하여 텍스트를 입력하는 방법을 배워요.

📘 불러올 파일 : 동물 탐험 일지.xlsx　📗 완성된 파일 : 동물 탐험 일지(완성).xlsx

수많은 동물 중에 이번엔 어떤 동물을 알아볼까?

우선 서식지별로 생각나는 동물로 하나씩 정리해보자!

01 엑셀 2021 실행하고 파일 열기

❶ [Excel 2021]을 실행한 후, [열기]-[찾아보기]를 클릭해요. 이어서, [불러올 파일]-[CHAPTER 01]-'동물 탐험 일지.xlsx' 파일을 선택하고 <열기> 단추를 클릭해요.

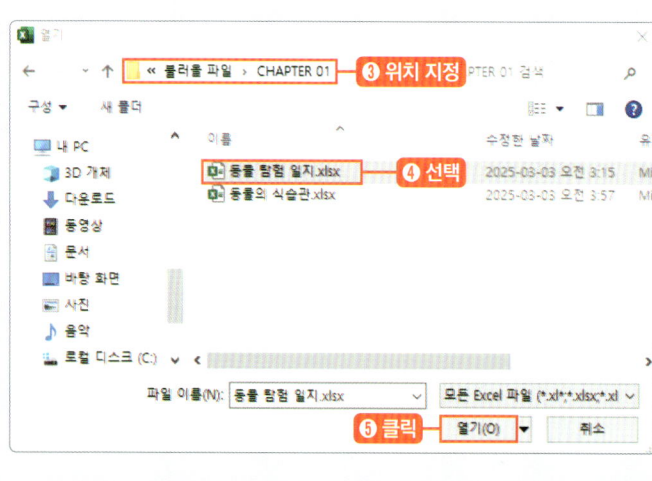

❷ 다음 그림과 같이 '동물 탐험 일지.xlsx' 파일이 열리면 시트의 내용을 확인해요.

> **TIP**
> ■ 엑셀에서 자주 나오는 말!
> ① 행 : 왼쪽에 보이는 숫자(1, 2, 3...)로 된 가로줄이에요. 1행, 2행, 3행이라고 읽어요!
> ② 열 : 위쪽에 보이는 알파벳(A, B, C...)으로 된 세로줄이에요. A열, B열, C열이라고 읽어요!
> ③ 셀(칸) : 행과 열이 만나서 생기는 네모 칸 하나예요. 만약 A열과 1행이 만나면 [A1] 셀이라고 읽어요!

02 셀에 데이터 입력하기

❶ [C2] 셀을 클릭하고 내 이름을 입력해요. 이어서, [C3] 셀을 선택하고 오늘 날짜를 입력해요.

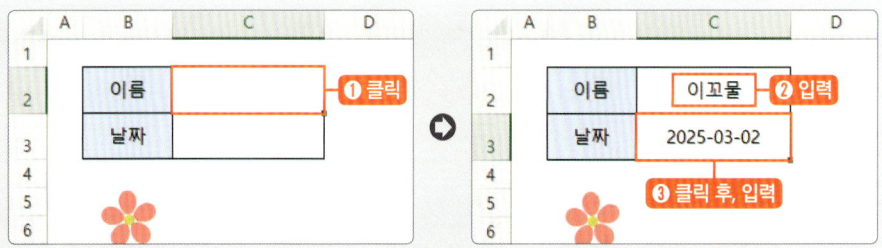

> **여기서 잠깐!**
> 셀 안에 데이터를 입력하는 방법은 다음과 같아요.
> 1. 글자를 쓰고 싶은 셀을 마우스로 한 번만 클릭해요.
> 2. 키보드로 글자(문자, 숫자 등)를 입력하고 **Enter** 키를 눌러요. (**Enter** 키를 누르면 아래 셀로 내려가요.)
> 3. 다른 셀로 이동할 때는 키보드 방향키나 마우스를 사용해서 원하는 곳으로 이동할 수 있어요.

03 시트 이동하기

❶ 두 번째 시트로 이동하기 위해 화면의 아래쪽에 있는 [Sheet2]를 클릭해요.

※ **시트(Sheet)** : 엑셀 안에 있는 하나의 표 작업 공간으로, 행, 열, 셀들이 모여 있는 한 장의 종이 같은 거예요.

❷ 동물의 사진을 보고 각 셀에 맞는 '동물 이름'을 입력한 후, Enter 키를 눌러요.

※ [C4] 셀=여우, [C5] 셀=코끼리, [C6] 셀=원숭이, [C7] 셀=곰

04 파일 저장하기

❶ 짠~ 나만의 동물 탐험 일지가 완성되었어요!

Sheet 1

Sheet 2

❷ 완성된 파일을 확인하고, [파일]을 클릭해요.

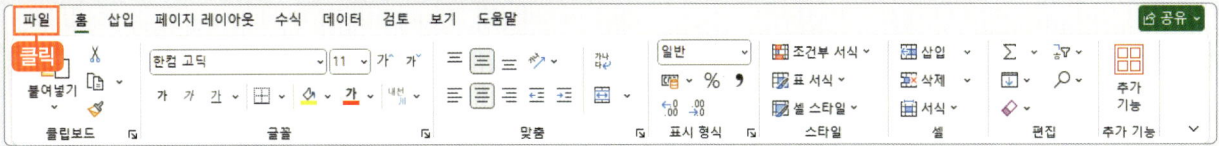

❸ [다른 이름으로 저장]-[찾아보기]를 클릭해요. 이어서, [내 이름] 폴더에 '동물 탐험 일지(완성).xlsx'으로 저장해요.

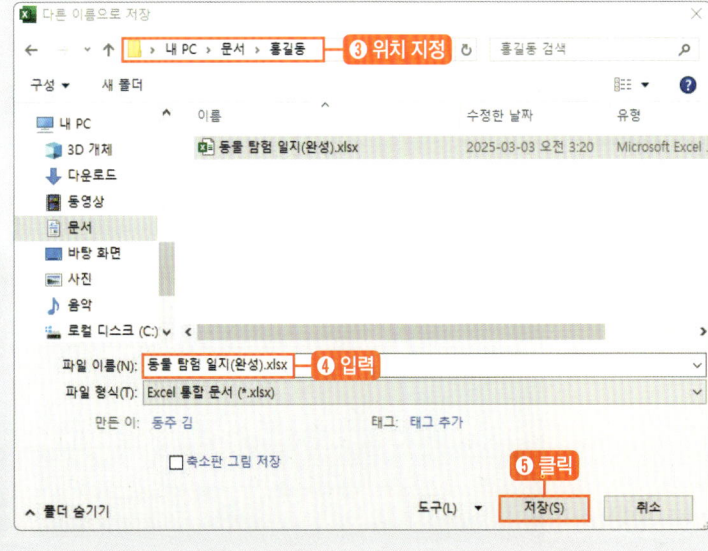

CHAPTER 01 미션! 뚝딱뚝딱!

■ 불러올 파일 : 동물의 식습관.xlsx   ■ 완성된 파일 : 동물의 식습관(완성).xlsx

01 내 맘대로 사고력으로 문제해결능력 UP

다양한 식성을 가진 야생동물을 구분해 보려고 해요. 문제를 보고 정답을 맞춰보세요.

미션 1) 오른쪽에 있는 동물의 그림을 보고 셀에 이름을 입력해요.

미션 2) 동물의 그림을 복사해서 육식/초식/잡식 동물 영역에 붙여 넣어주세요.

[힌트] 그림을 복사하기 위해서는 동물 그림을 Ctrl 키를 누르면서 클릭+드래그해요.

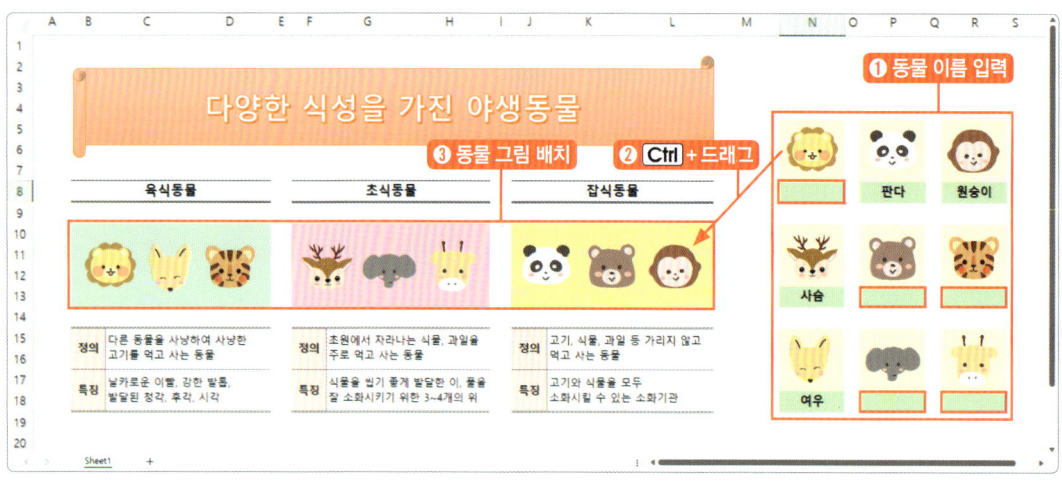

02 학습 게임으로 타자 실력 UP

혼자하는 타자 게임 또는 친구들과 대전 게임으로 승부를 겨루어 보아요.

▲ 혼자 게임

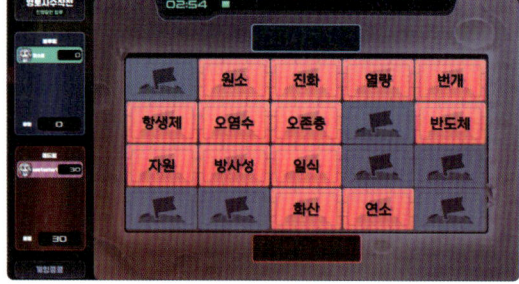

▲ 대전 게임

CHAPTER 02 잠자는 뇌를 깨우는 5분 스트레칭

4분 K마블 타자연습으로 잠자는 손가락을 깨워요^^   평균 타수 :

연습하고 싶은 학습 게임을 선택해서 연습해 보아요.

1분 넌센스 퀴즈로 잠자는 뇌를 깨워요^^

그림을 보고 동물의 이름을 적고, 각 동물에 맞는 그림자와 선으로 연결해요.

| 말 | | | |

CHAPTER 02 먹이에 따라 분류하기

이런걸 배워요!
- 셀을 병합하고 셀 스타일을 적용할 수 있습니다.

■ 불러올 파일 : 먹이 종류.xlsx   ■ 완성된 파일 : 먹이 종류(완성).xlsx

01 셀 병합하고 가운데 맞춤 설정하기

❶ [Excel 2021]을 실행한 다음 [불러올 파일]-[CHAPTER 02]-'먹이 종류.xlsx' 파일을 열어봅니다.

❷ [C9] 셀을 클릭하고 [C11] 셀까지 드래그한 다음 [홈] 탭-[맞춤]-'병합하고 가운데 맞춤(🔲)'을 클릭해요.

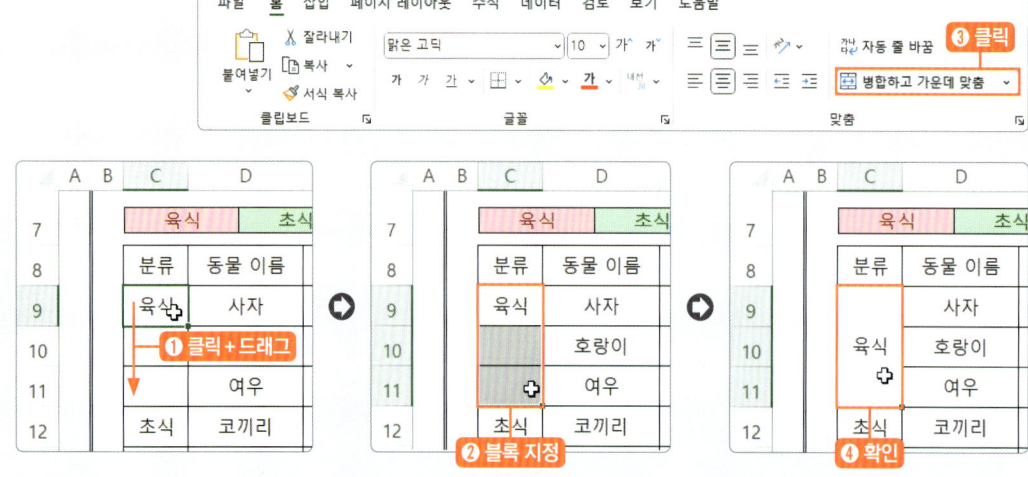

❸ [C12] 셀부터 [C14] 셀까지 드래그한 다음 Ctrl 키를 누른 채 [C15] 셀부터 [C17] 셀까지 드래그해요. 이어서, '병합하고 가운데 맞춤(圄)'을 클릭해요.

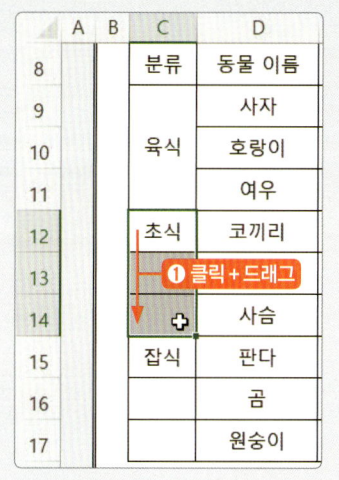

1. [C12] 셀부터 [C14] 셀 드래그

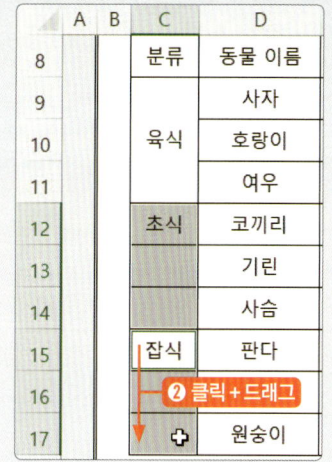

2. Ctrl 키 누르고 [C15] 셀부터 [C17] 셀 드래그

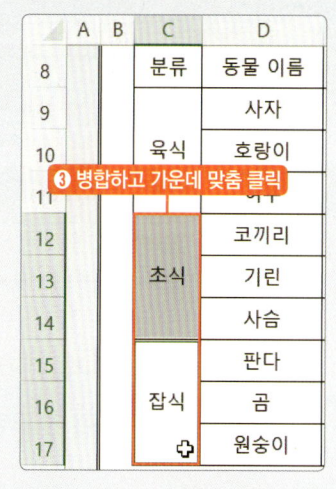

3. '병합하고 가운데 맞춤' 클릭

> **TIP**
> 잘못 선택한 셀은 Ctrl 키를 누른 채 다시 클릭하면 선택된 부분이 해제돼요!

02 셀 스타일 적용하기

❶ [C9] 셀을 클릭하고 [홈] 탭-[스타일] 그룹-'셀 스타일'의 목록 단추(▼)를 눌러 '나쁨' 스타일을 클릭해요.

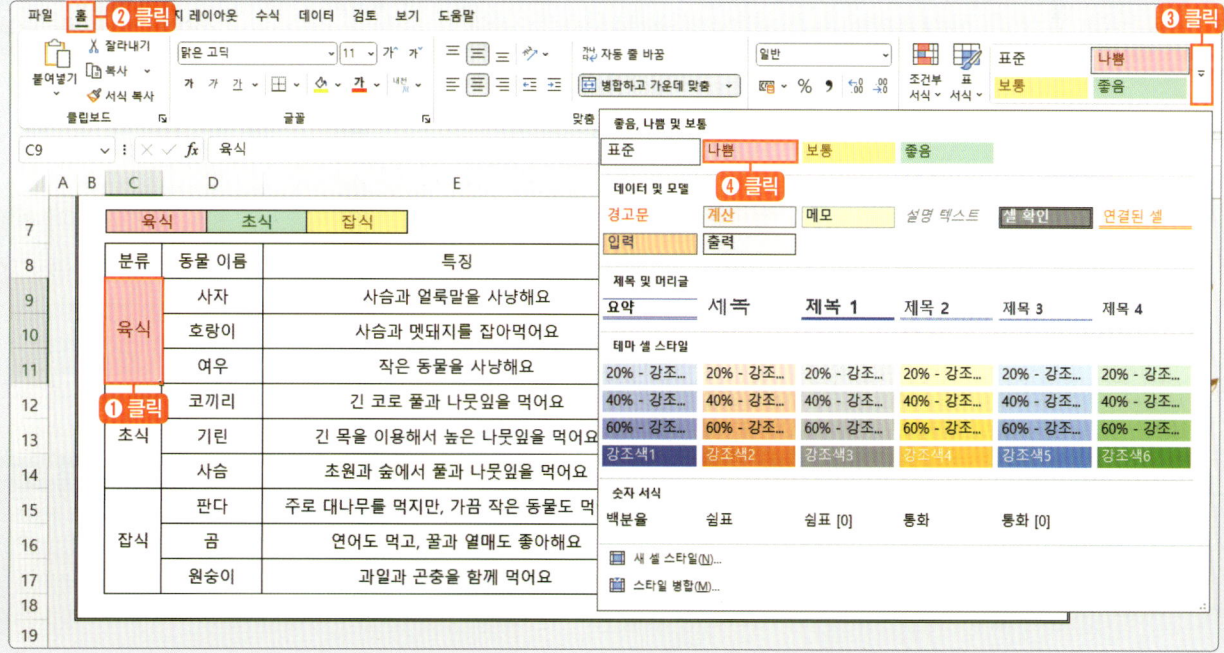

❷ 같은 방법으로 [C12] 셀은 '좋음' 스타일로 적용하고, [C15] 셀은 '보통' 스타일로 적용해요.

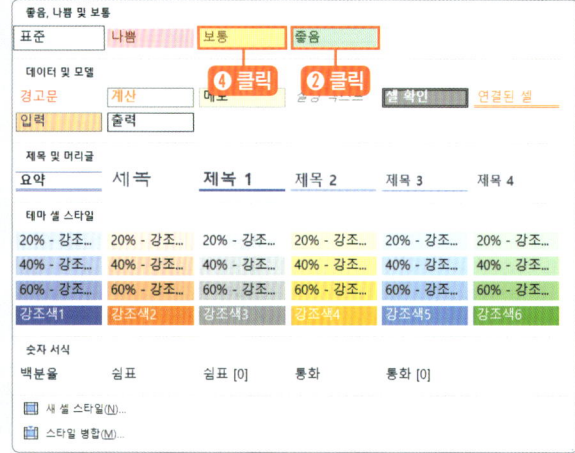

03 제목 셀에 배경색 적용하기

❶ [C8] 셀부터 [E8] 셀까지 드래그한 다음 [홈] 탭-[글꼴]-'굵게(가)'를 클릭해요. 이어서, [채우기 색(◇)]의 목록 단추(▼)를 눌러서 '파랑, 강조 5, 60% 더 밝게'를 클릭해요.

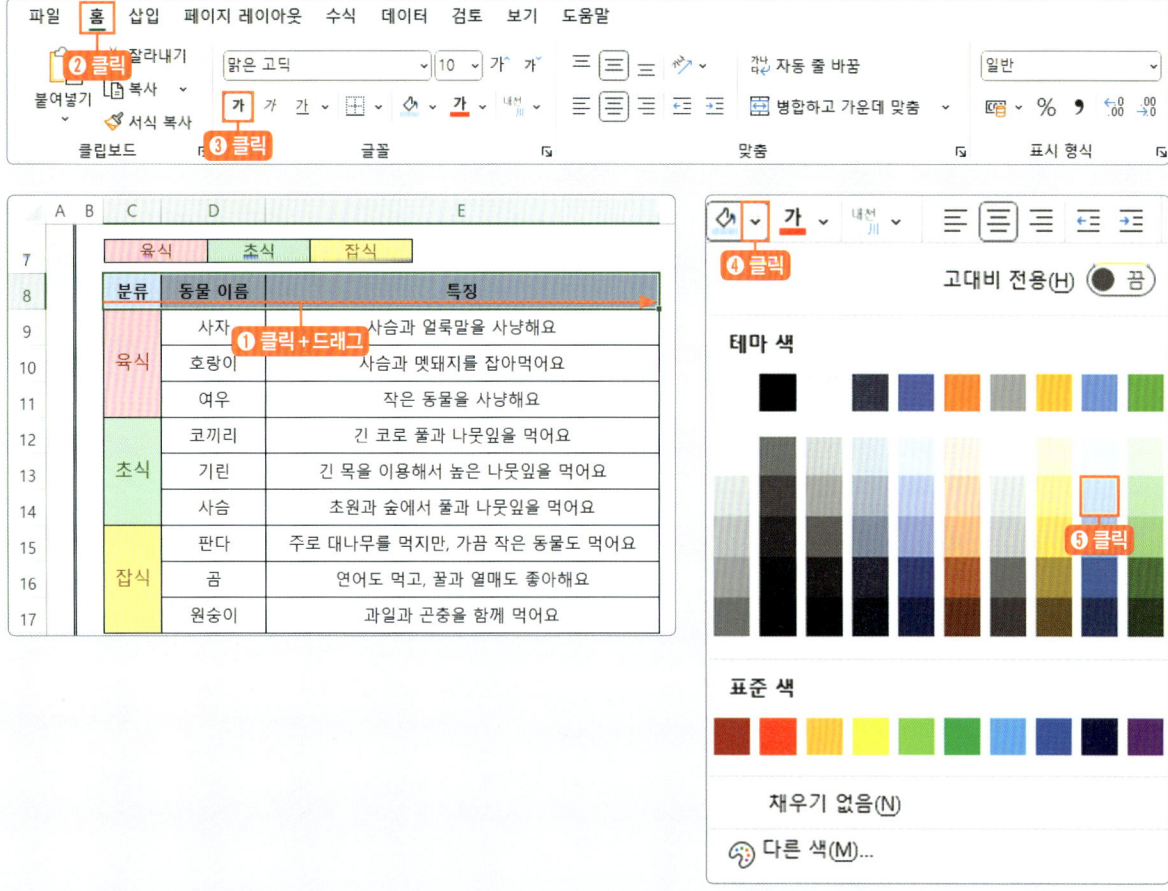

04 빙고 놀이판 만들기

① 오른쪽에 있는 동물 그림을 선택하고 드래그하여 빙고 판에 무작위로 배치해요.

② 동물이 먹는 식성(육식/초식/잡식)을 확인하고, [홈] 탭-[스타일] 그룹-'셀 스타일'의 목록 단추(▼)를 눌러서 '나쁨', '좋음', '보통' 색상으로 설정해요.

※ 여러 개의 셀을 한 번에 선택할 때는 Ctrl 키를 누른 채 다른 셀을 선택하면 돼요.

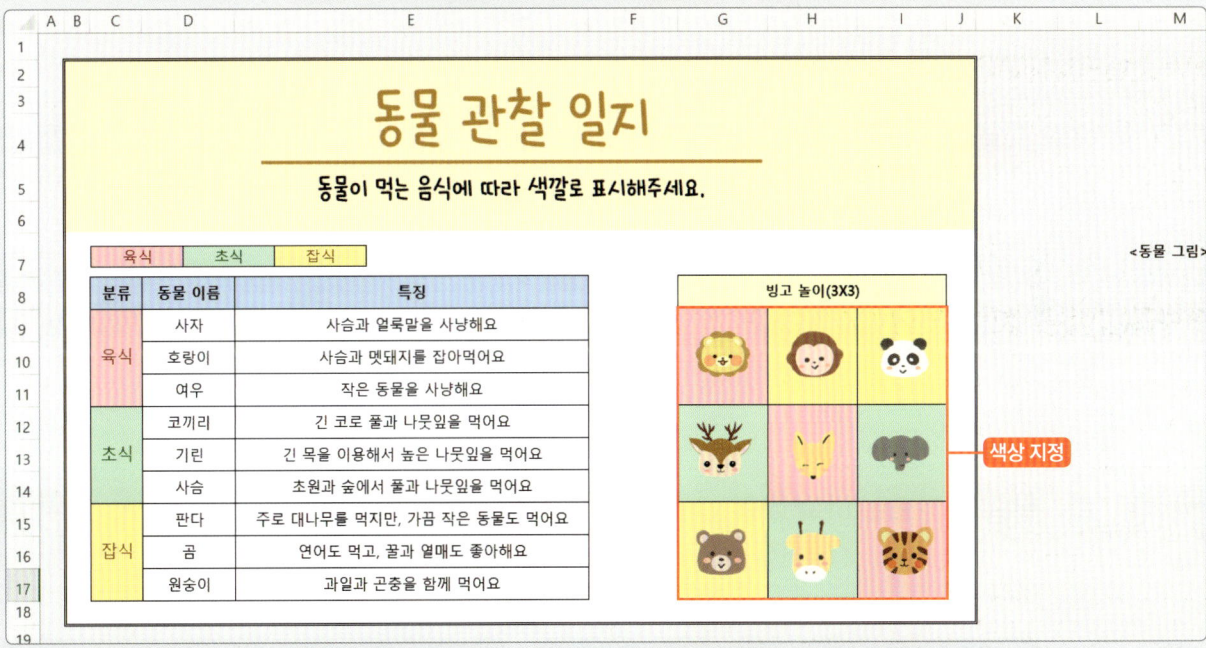

③ 가로/세로/대각선으로 연결되는 색상이 있으면 빙고 성공이에요! 완성된 파일은 저장할 폴더를 선택한 후, 파일 이름은 '먹이 종류(완성).xlsx'로 저장해요.

CHAPTER 02 미션! 뚝딱뚝딱!

■ 불러올 파일 : 같은 색 연결하기.xlsx   ■ 완성된 파일 : 같은 색 연결하기(완성).xlsx

01 내 맘대로 사고력으로 문제해결능력 UP

같은 색을 가진 젤리곰끼리 연결해야해요. 다음의 문제를 보고 정답을 맞춰보세요.

미션 1) [B1] 셀부터 [K2] 셀까지 병합하고 가운데 맞춤 적용해요.

미션 2) [B1] 셀을 클릭하고 '셀 스타일' 목록에서 '계산' 스타일로 적용해요.

미션 3) 겹치지 않고 같은 색을 가진 젤리곰끼리 연결해야 해요. 주어진 색상을 보고 [채우기 색(🎨)]의 목록 단추(▼)를 눌러서 색이 연결되도록 설정해요.

02 학습 게임으로 타자 실력 UP

혼자하는 타자 게임 또는 친구들과 대전 게임으로 승부를 겨루어 보아요.

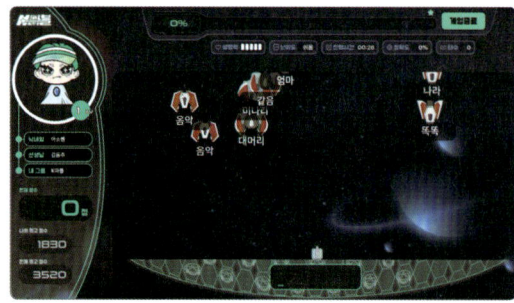

▲ 혼자 게임

▲ 대전 게임

CHAPTER 03 잠자는 뇌를 깨우는 5분 스트레칭

4분 K마블 타자연습으로 잠자는 손가락을 깨워요^^   평균 타수 :

연습하고 싶은 학습 게임을 선택해서 연습해 보아요.

1분 넌센스 퀴즈로 잠자는 뇌를 깨워요^^

기린과 코끼리가 키를 재고 있어요! 동물 중에서 가장 목이 긴 기린의 키는 몇 cm일까요?

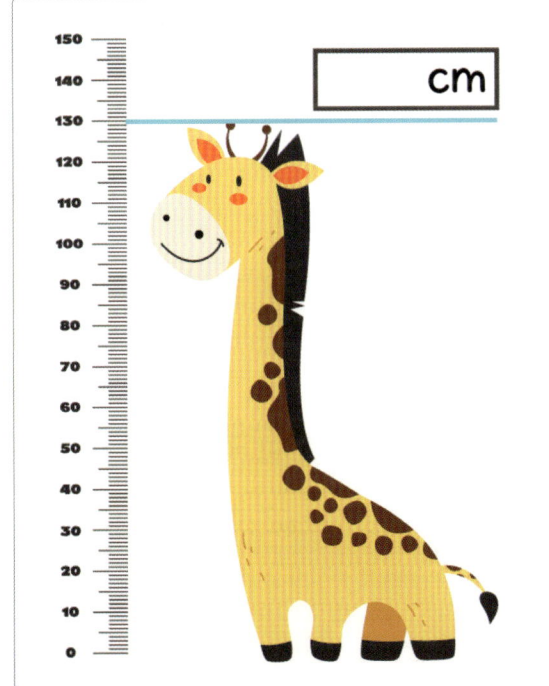
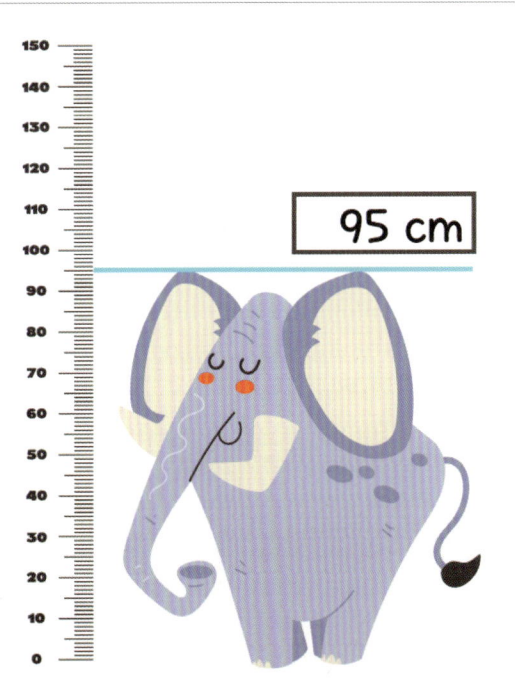

CHAPTER 03 누구 키가 제일 클까?

이런걸 배워요!
- 행 높이를 조절하고 도형을 삽입하여 서식 복사하는 방법을 배워요.
- 불러올 파일 : 크기 대결.xlsx ■ 완성된 파일 : 크기 대결(완성).xlsx

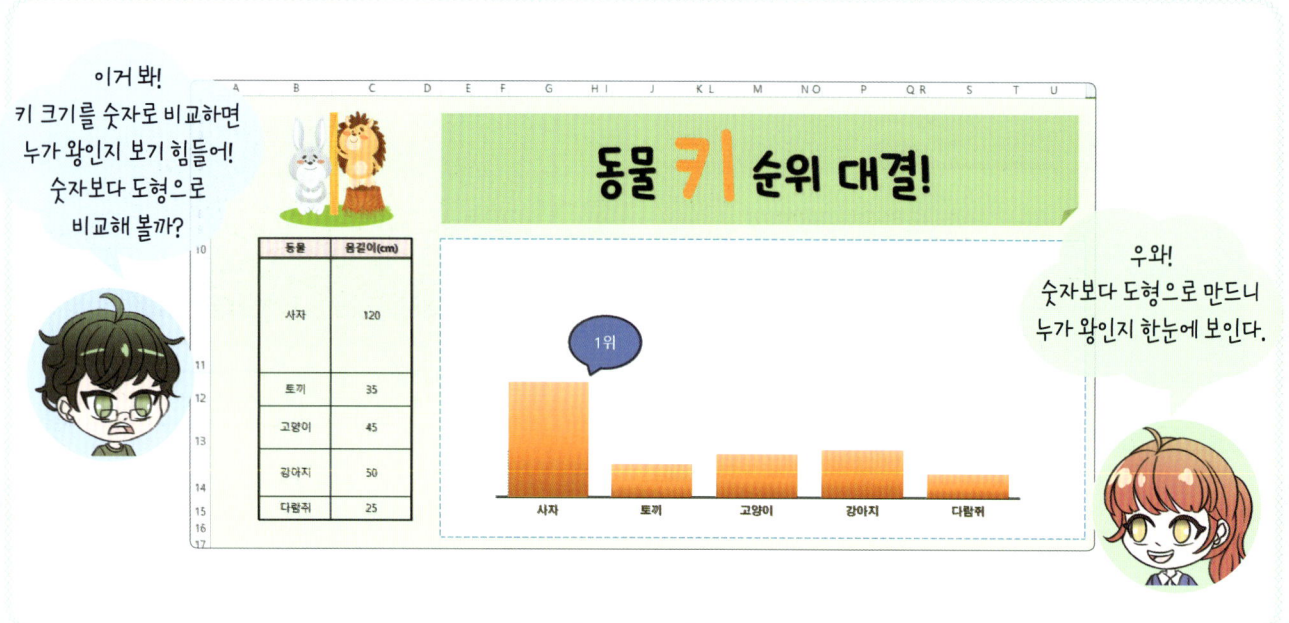

01 행 높이 설정하기

❶ [Excel 2021]을 실행한 다음 [불러올 파일]-[CHAPTER 03]-'크기 대결.xlsx' 파일을 열어봅니다.

❷ [11] 행 머리글 위에서 마우스 오른쪽 단추를 눌러 [행 높이]를 클릭해요.

※ [11] 행 머리글을 선택하면 [11] 행 전체가 선택돼요.

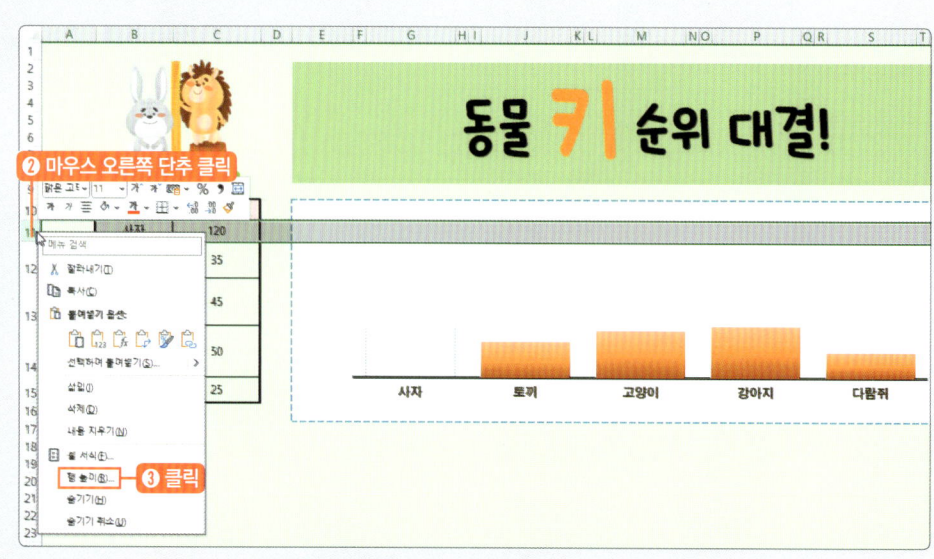

❸ [행 높이] 대화상자에서 입력 칸에 '120'을 입력한 후, <확인> 단추를 클릭해요.

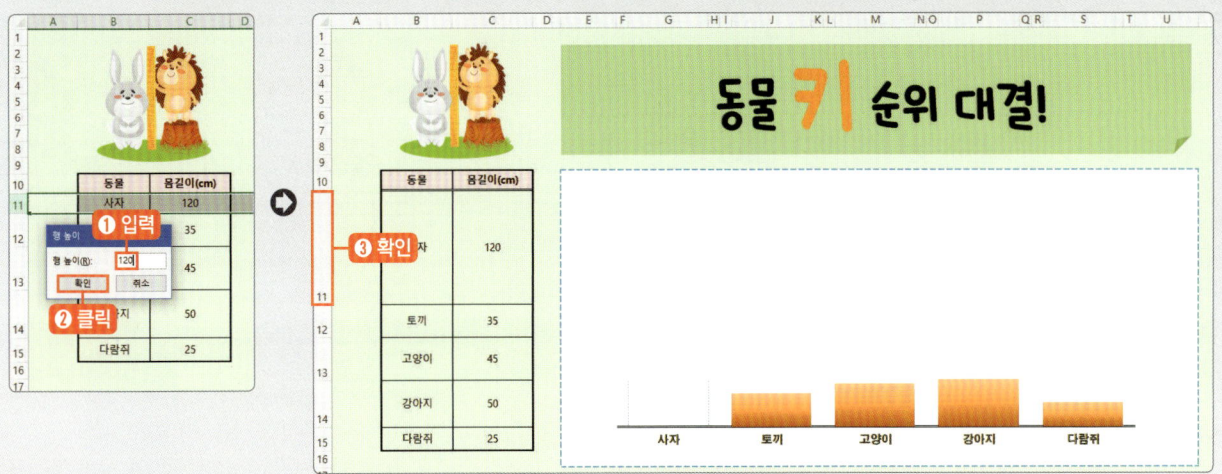

02 도형 삽입하기

❶ [삽입] 탭-[일러스트레이션]-'도형( )'을 클릭하여 [사각형]-'직사각형( )'을 선택해요.

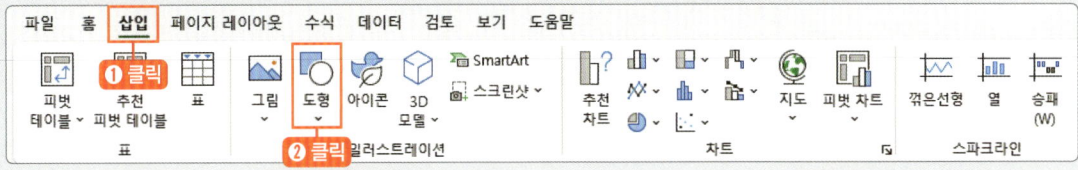

❷ 마우스 커서가 십자 모양(+)으로 변경되면 Alt 키를 누르면서 [C11] 셀 크기에 맞추어 드래그해요.

※ Alt 키를 누르면서 도형을 그리면 셀 크기에 맞추어 정확하게 그릴 수 있어요.

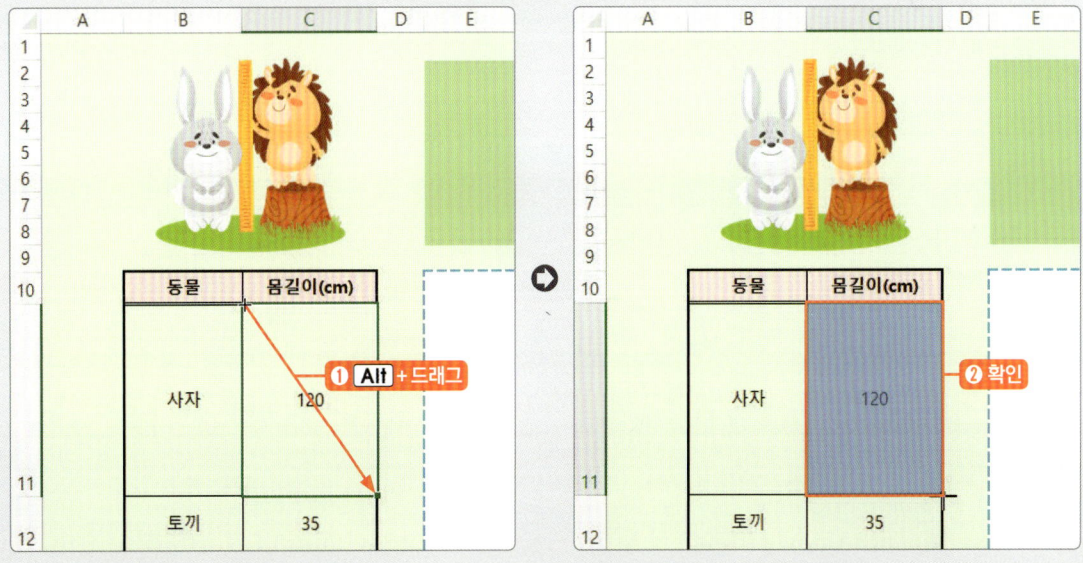

❸ 도형을 클릭하고 Alt 키를 누르면서 [G14] 셀로 이동해요.

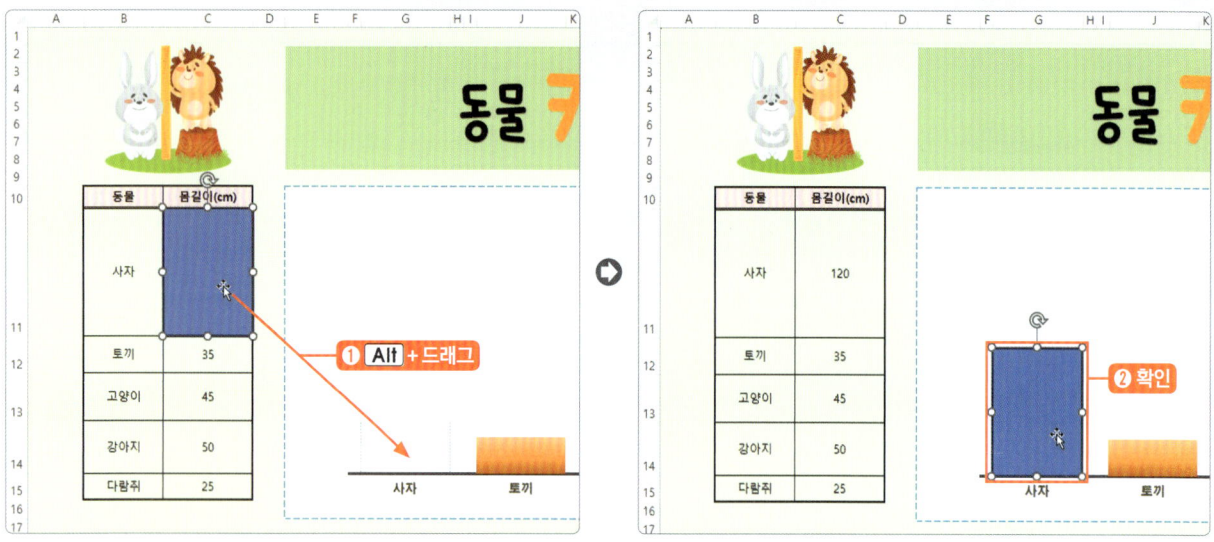

03 서식 복사하기

❶ '사자'의 도형 색상을 변경하기 위해 '토끼' 도형을 클릭하고 [홈] 탭-[클립보드]-'서식 복사'를 클릭해요.

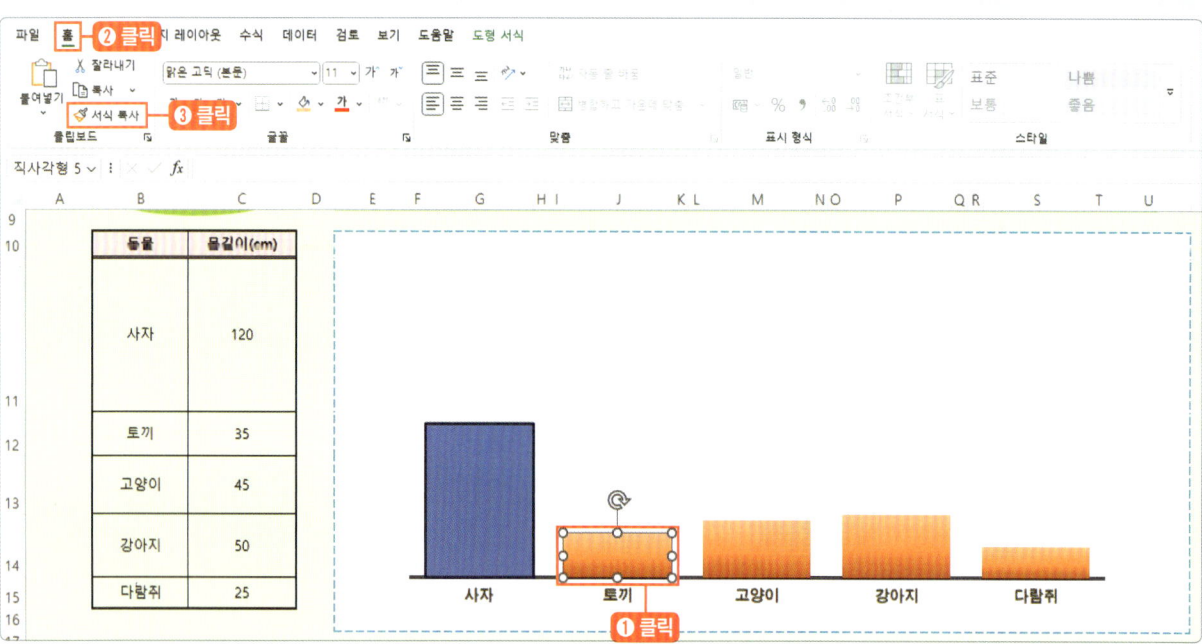

❷ 마우스 커서가 '👆🧹' 모양으로 변경되면 '사자'의 도형을 클릭해요.
   ※ 서식 복사는 다른 개체의 설정된 모양이나 색깔, 글꼴을 다른 개체에 똑같이 입히는 마법 같은 기능이에요!

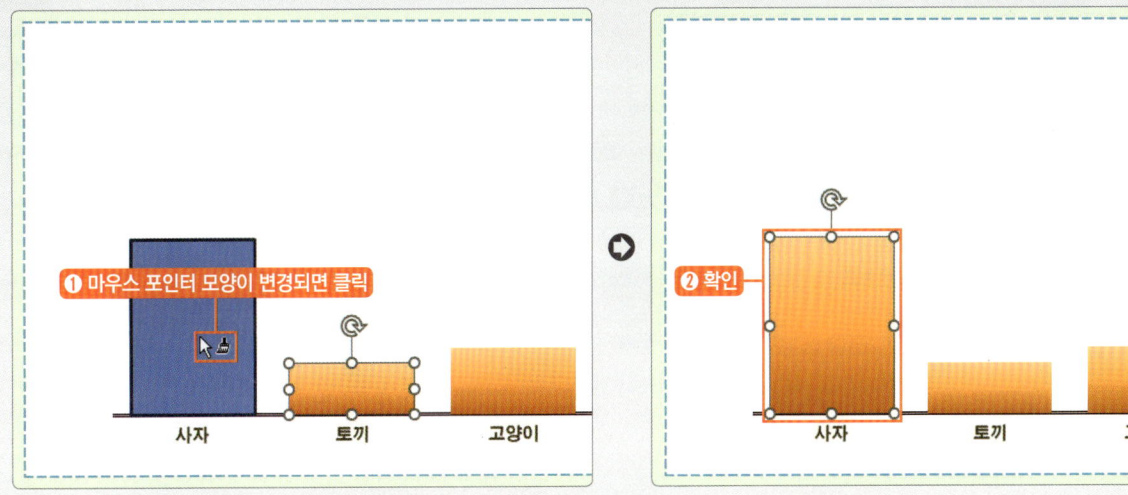

04 도형 삽입하기

❶ [삽입] 탭-[일러스트레이션]-'도형( )'을 클릭하여 [설명선]-'말풍선 : 타원형'을 선택하고 그림과 같이 그린 후, '1위'라고 입력해요.

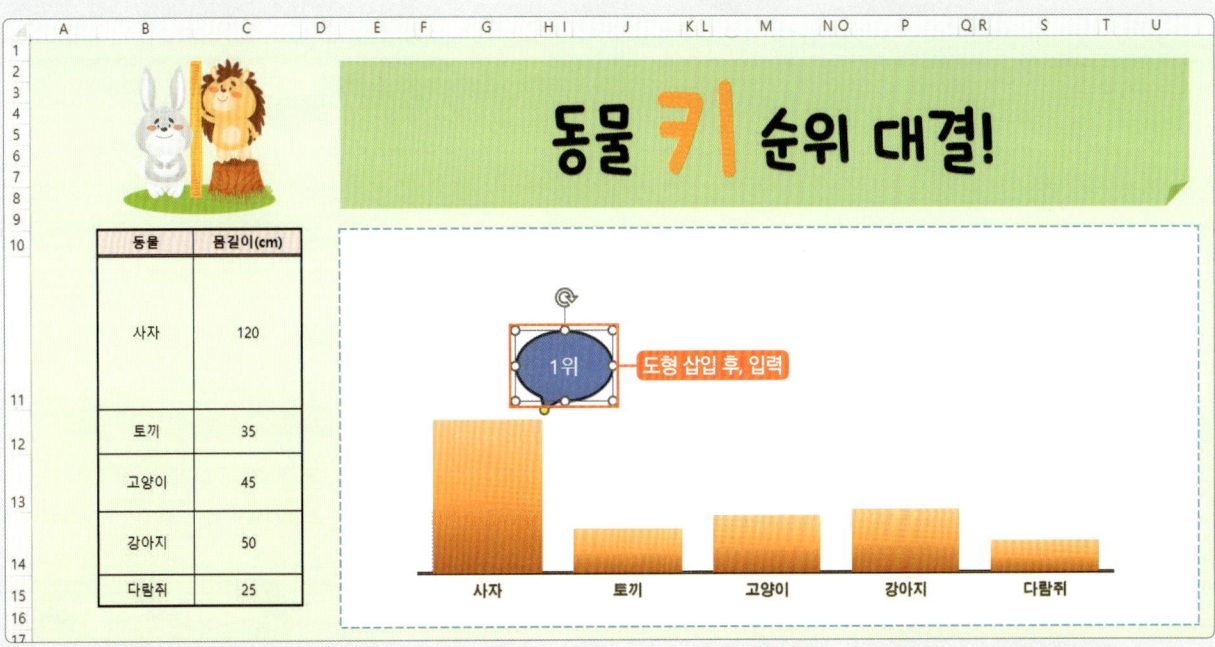

❷ 키가 가장 큰 동물은 '사자'였네요~ 완성된 파일은 저장할 폴더를 선택한 후, 파일 이름은 '크기 대결(완성).xlsx'로 저장해요.

CHAPTER 03 미션! 뚝딱뚝딱!

■ 불러올 파일 : 사냥 방법.xlsx   ■ 완성된 파일 : 사냥 방법(완성).xlsx

01 내 맘대로 사고력으로 문제해결능력 UP

1. [사냥 방법] 시트 (사냥 방법 / 그림자 찾기)

미션 1) 7행, 9행, 11행의 행 높이를 '80'으로 설정해요.

미션 2) [C7], [C9], [C11] 셀에 호랑이, 표범, 수달의 그림을 순서에 맞추어 배치해요.

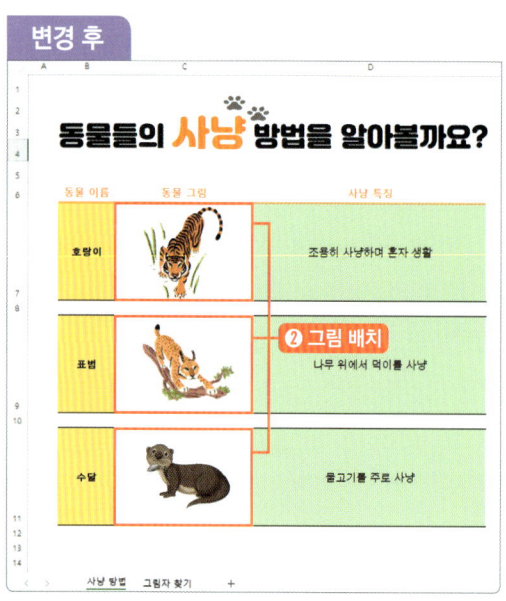

2. [그림자 찾기] 시트 (사냥 방법 / 그림자 찾기)

미션 1) 동물 그림 카드를 보고 그림자를 알맞게 연결해요.

[힌트] [삽입] 탭–[일러스트레이션]–[도형]–'선(＼)'을 사용하여 연결해요.

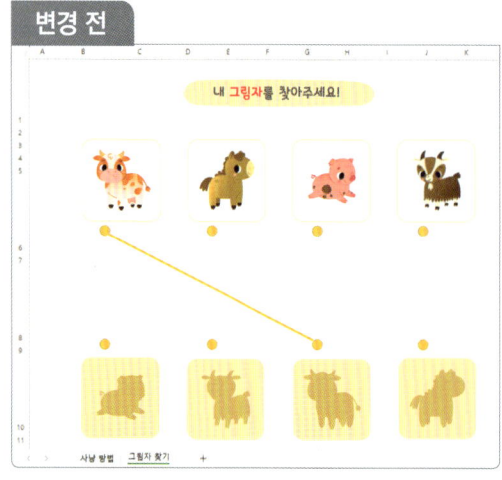
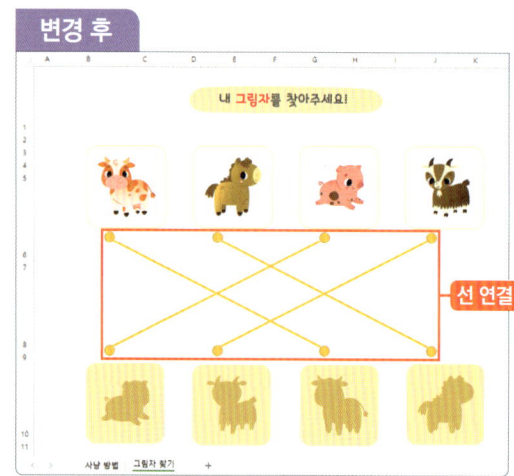

休 알아두면 좋은 생활 상식

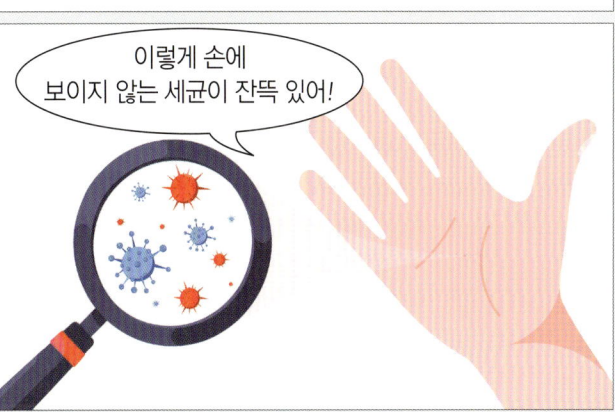

CHAPTER 04 — 내 맘대로 해결사 되기!

지난 세 개의 차시에서 배운 내용으로 스스로 해결해 볼까?

■ 불러올 파일 : 먹방 챌린지.xlsx   ■ 완성된 파일 : 먹방 챌린지(완성).xlsx

오늘은 지난 세 개의 차시에서 배운 내용으로 하나의 작품을 만들어 볼 거예요. 아래 완성 이미지를 참고해서 스스로 해결해 보고 어려운 부분은 손을 들어주세요.

완성 작품

[작업 1] : 셀 크기 조정하기

[작업 2] : 셀 꾸미기

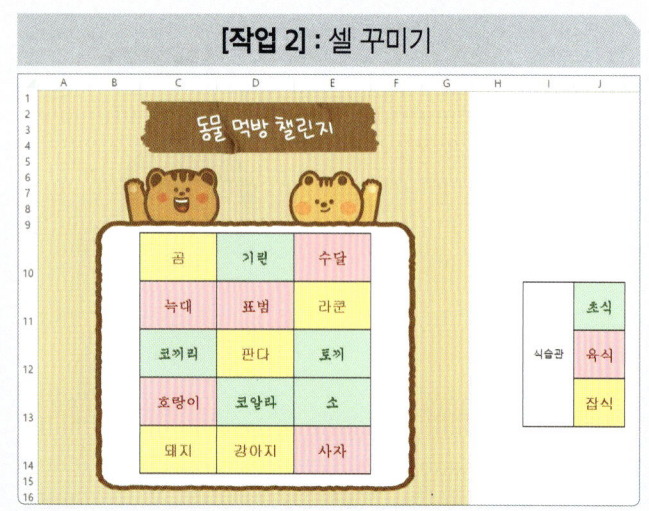

■ **이렇게 만들어 보아요.**(아래 지시사항과 힌트를 보면서 스스로 해결해 보아요.)

01 내 맘대로 사고력으로 문제해결능력 UP

셀 크기 조정하기
① C열~E열까지 드래그한 다음 [열 너비]를 '13'으로 설정하기
② 10행~14행까지 선택 후, [행 높이]를 '50'으로 설정하기

셀 꾸미기
① [I11] 셀부터 [I13] 셀까지 선택 후, '병합하고 가운데 맞춤' 적용
② [셀 스타일] 적용
 - [J11] 셀-좋음(좋음)
 - [J12] 셀-나쁨(나쁨)
 - [J13] 셀-보통(보통)
③ 글꼴 변경 : [J11] 셀(궁서, 15pt) / [J12] 셀(바탕, 15pt, 굵게) / [J13] 셀(굴림, 15pt, 굵게)
④ 서식 복사하기
 - [J11] 셀 클릭, '서식 복사' 더블 클릭하고 초식 동물에 해당되는 셀을 클릭 후, Esc 키 누르기
 - [J12] 셀 클릭, '서식 복사' 더블 클릭하고 육식 동물에 해당되는 셀을 클릭 후, Esc 키 누르기
 - [J13] 셀 클릭, '서식 복사' 더블 클릭하고 잡식 동물에 해당되는 셀을 클릭 후, Esc 키 누르기

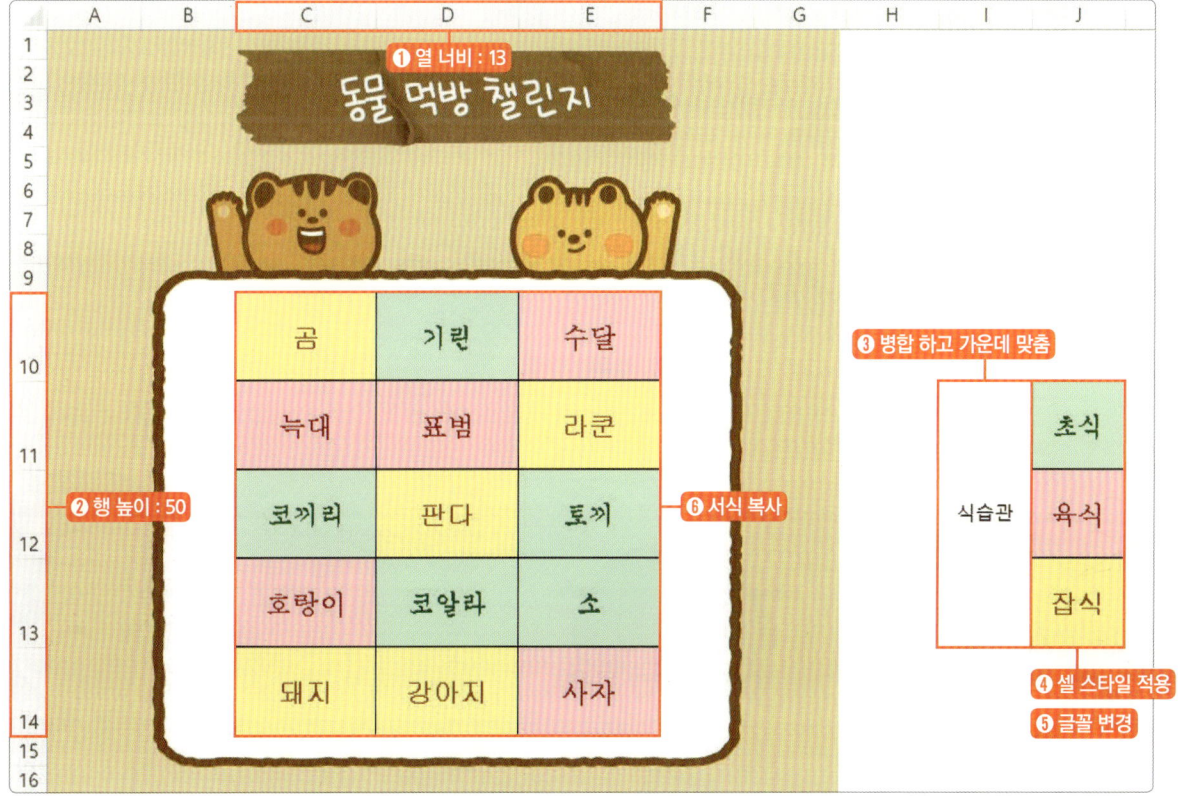

알아두면 좋은 컴퓨터 상식

CHAPTER 05 잠자는 뇌를 깨우는 5분 스트레칭

4분 K마블 타자연습으로 잠자는 손가락을 깨워요^^   평균 타수: _____

연습하고 싶은 학습 게임을 선택해서 연습해 보아요.

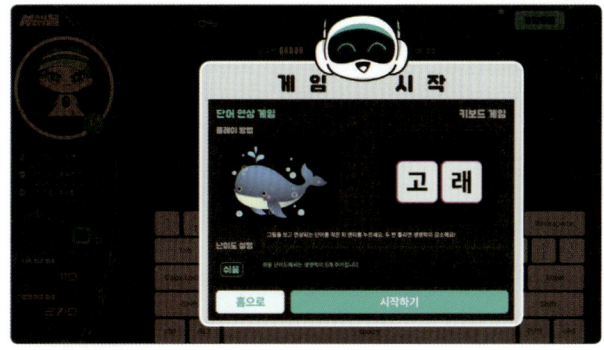
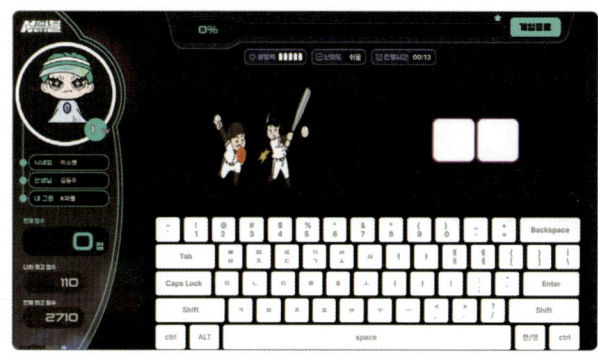

1분 넌센스 퀴즈로 잠자는 뇌를 깨워요^^

고양이와 관련된 퀴즈를 풀어볼까요~? 정답을 모두 맞추면 10점이에요!   (내 점수) _____ 점

문제 1 고양이 수염의 역할은 무엇일까요? **(5점)**

① 털이 멋져 보이게 하려고
② 바람을 느끼려고
③ 공간을 느끼고 주변을 탐색하려고

문제 2 고양이의 눈동자가 낮에 가늘게 세로로 변하는 이유는 무엇일까요? **(3점)**

① 눈이 아파서
② 빛의 양을 조절하려고
③ 잠이 와서

문제 3 고양이는 어떤 음식을 주로 먹는 동물일까요? **(2점)**

① 고기 (육식)   ② 풀 (초식)   ③ 둘 다 (잡식)

CHAPTER 05 냥이의 호기심 퀴즈

이런 걸 배워요! ● 셀에 메모를 삽입하고 열 숨기기를 활용하여 중요한 정보를 표시하거나 숨길 수 있어요.

■ 불러올 파일 : 퀴즈냥이.xlsx   ■ 완성된 파일 : 퀴즈냥이(완성).xlsx

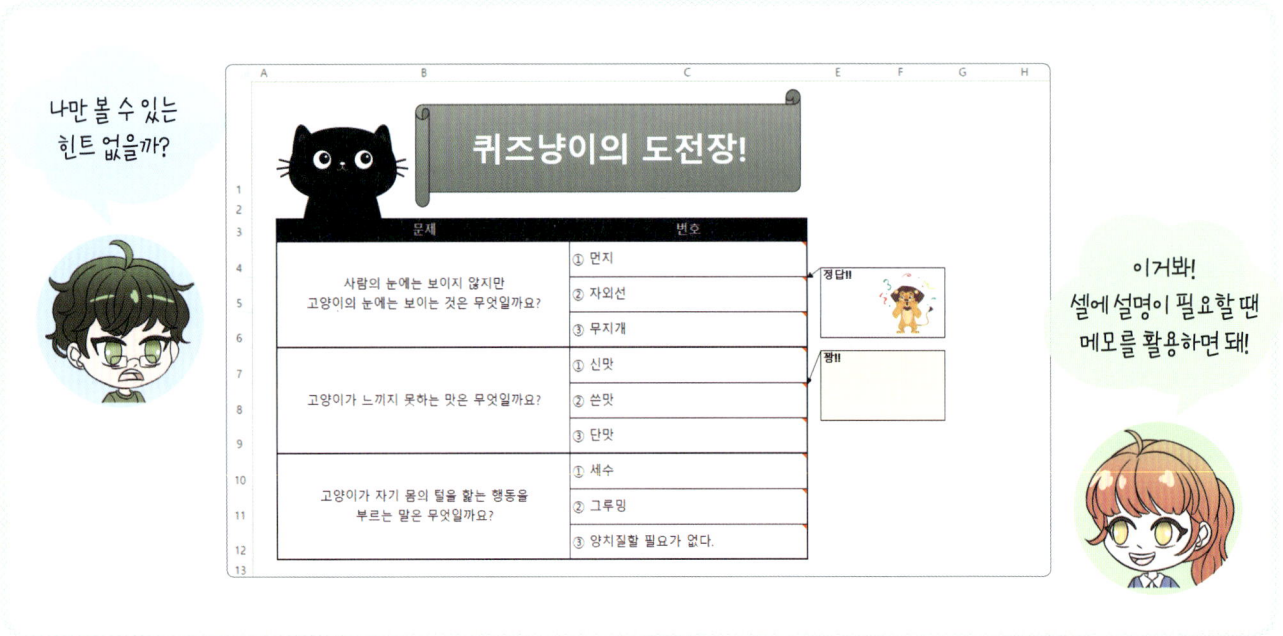

01 도형으로 제목 꾸미기

❶ [Excel 2021]을 실행한 다음 [불러올 파일]-[CHAPTER 05]-'퀴즈냥이.xlsx' 파일을 열어봅니다.

❷ [삽입] 탭-[도형( )]-[별 및 현수막]-'두루마리 모양 : 가로로 말림( )'을 선택하고 그림과 같이 그려요.

※ D열에 겹치지 않도록 B열과 C열 사이에 그려주세요.

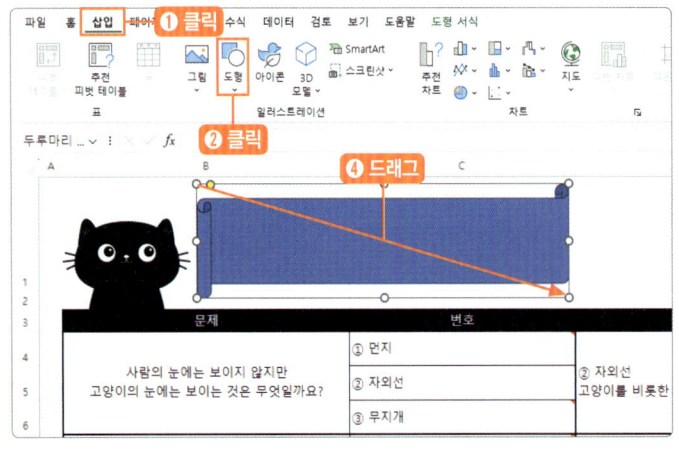

❸ 도형을 클릭하고 [도형 서식] 탭-[도형 스타일]-'빠른 스타일(▽)' 단추를 클릭하여 [테마 스타일]-'미세 효과-검정, 어둡게 1'을 클릭해요.

※ 도형 스타일은 미리 설정된 서식으로 도형의 채우기, 윤곽선, 효과를 빠르게 변경할 수 있어요!

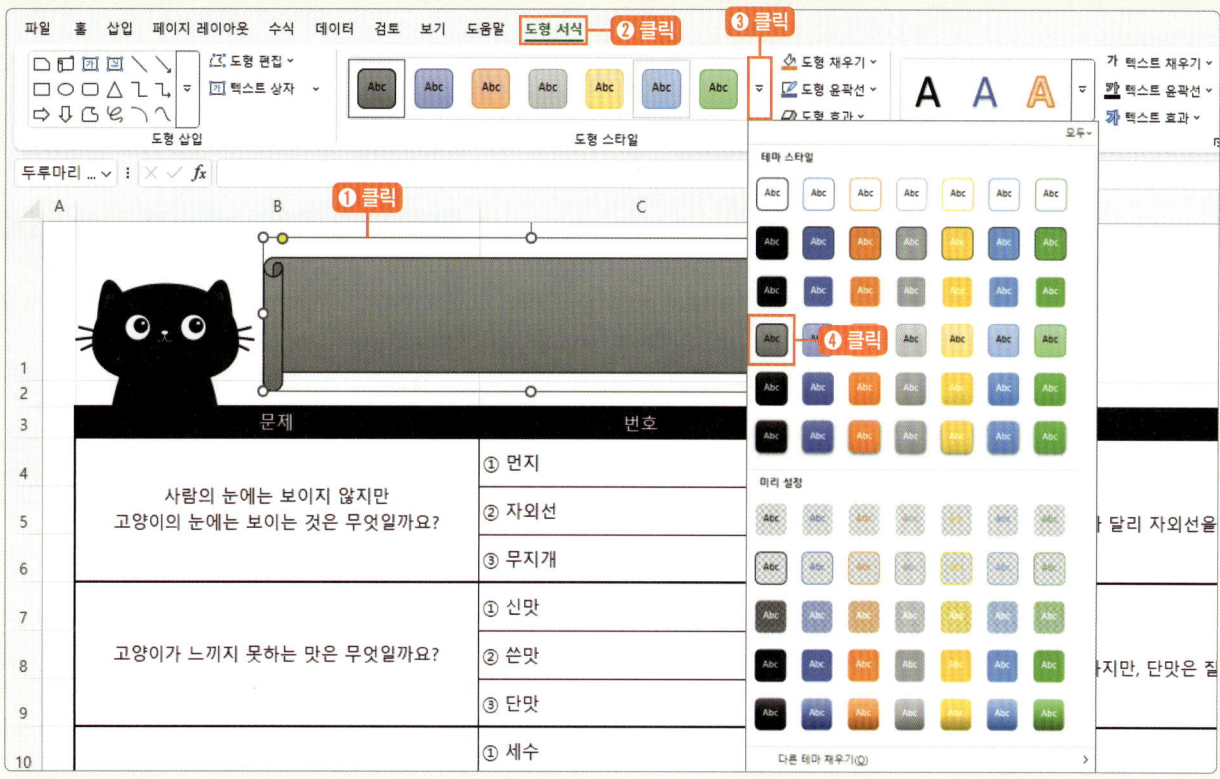

❹ '퀴즈냥이의 도전장!'이라고 입력하고 글씨를 드래그하여 [홈] 탭에서 다음과 같이 설정해요.

※ [홈] 탭-[글꼴] 그룹 : 글꼴(맑은 고딕(제목)), 크기(28), 진하게, 글꼴 색(흰색, 배경1)
※ [홈] 탭-[맞춤] 그룹 : 가로/세로 가운데 맞춤

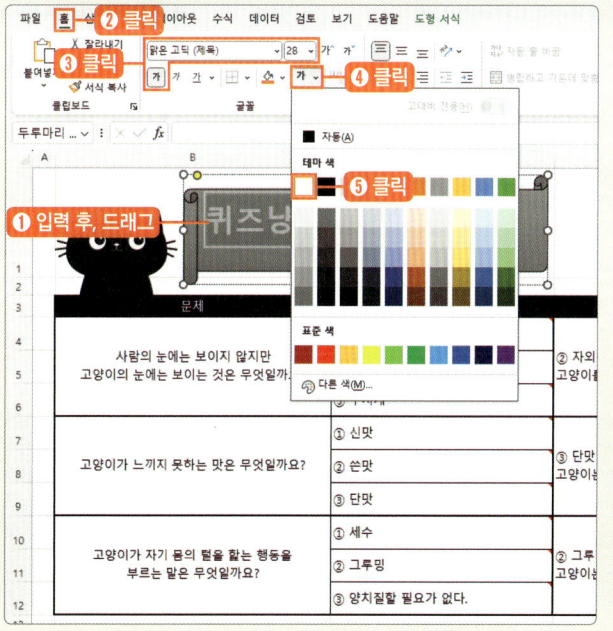 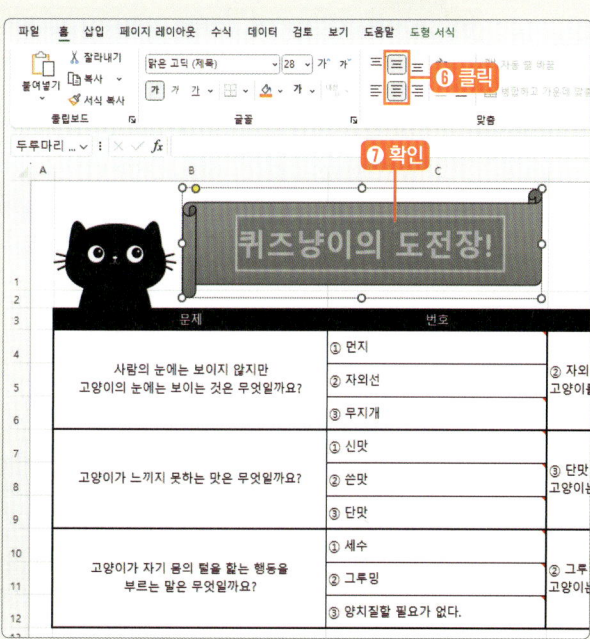

05 · 냥이의 호기심 퀴즈   031

02 메모 삽입하고 편집하기

❶ [C5] 셀에서 마우스 오른쪽 단추를 클릭하고 '메모 삽입'을 클릭해요. 이어서, '정답!!'이라고 입력해요.

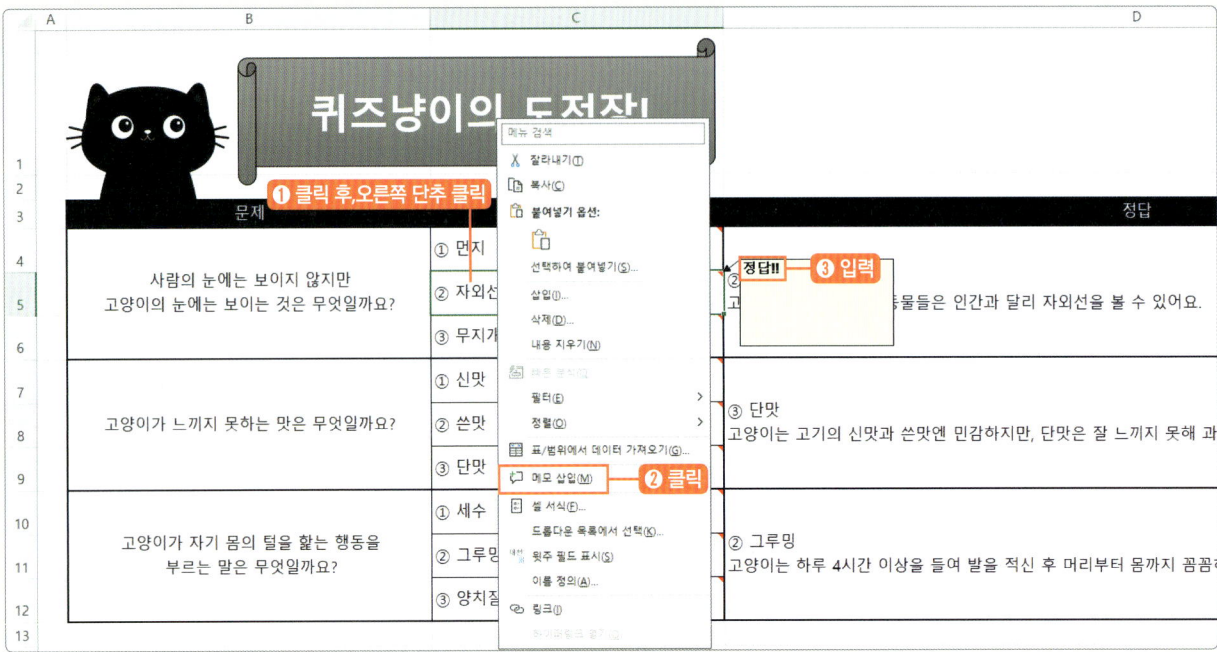

❷ 메모의 테두리를 마우스 오른쪽 단추로 클릭하고 '메모 서식'을 클릭해요.

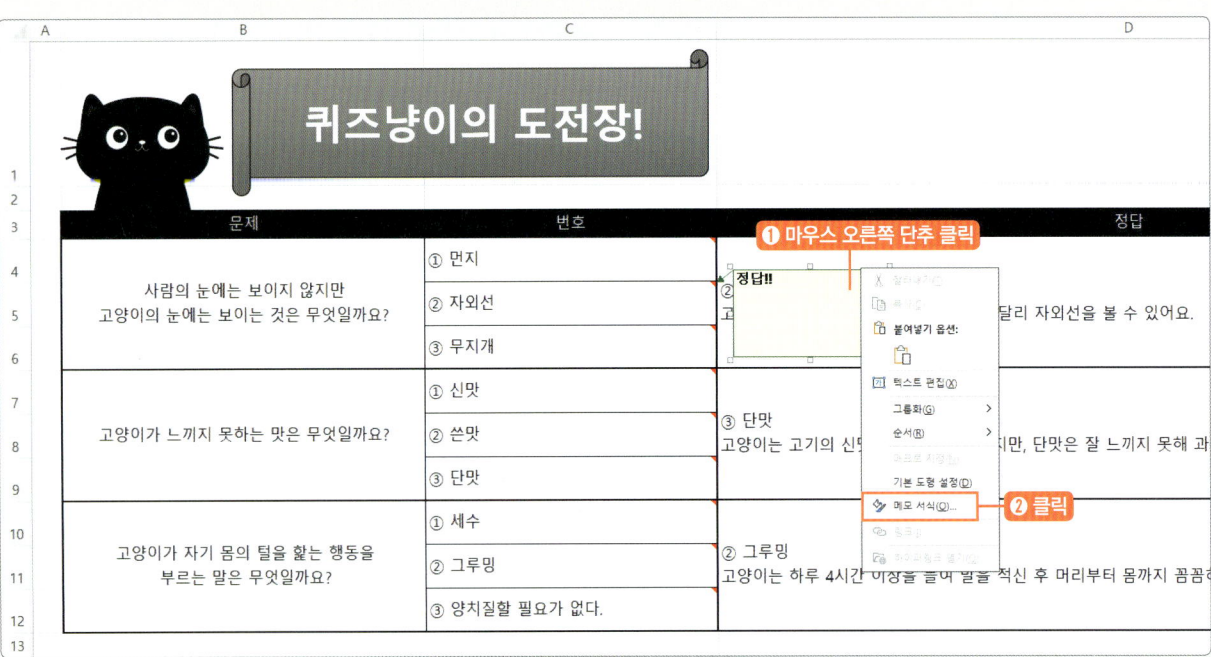

❸ [메모 서식] 대화상자-[색 및 선] 탭에서 [채우기]-[색]-'채우기 효과'를 클릭하고, [채우기 효과] 대화상자-[그림] 탭에서 <그림 선택> 단추를 클릭해요.

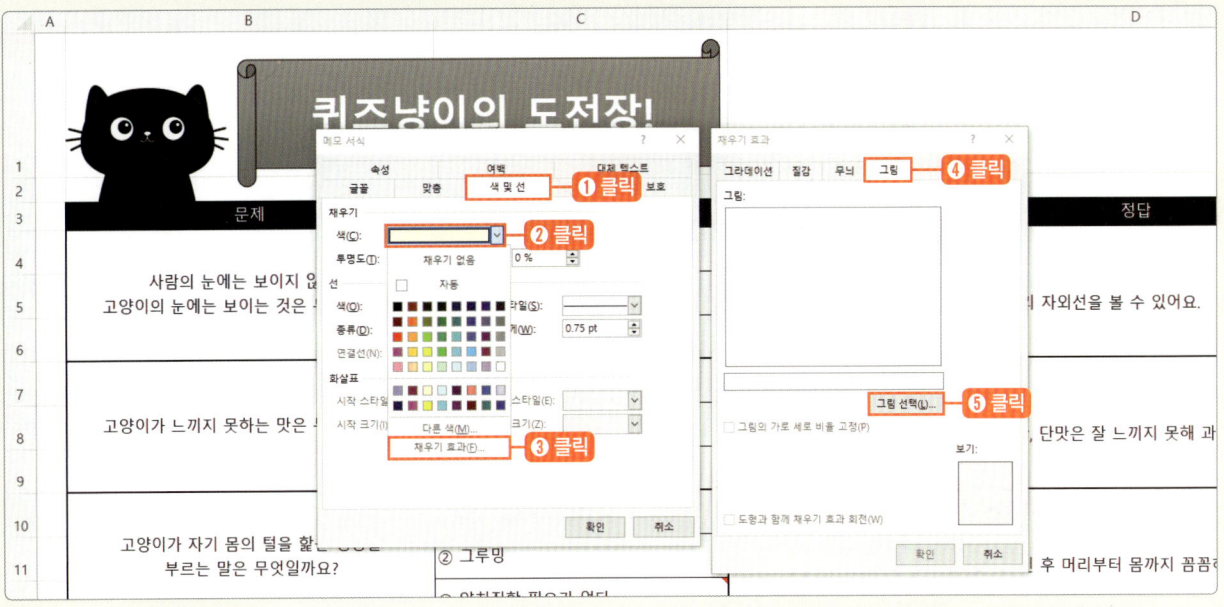

여기서 잠깐!

[메모 서식] 대화상자에서 [글꼴] 탭만 보인다면 메모의 테두리를 다시 선택하고 [메모 서식]을 클릭해요!

❹ [그림 삽입]-'파일에서'를 클릭하고, '메모배경.jpg'를 선택한 다음 <삽입> 단추를 클릭해요. 이어서, <확인> 단추를 클릭해요.

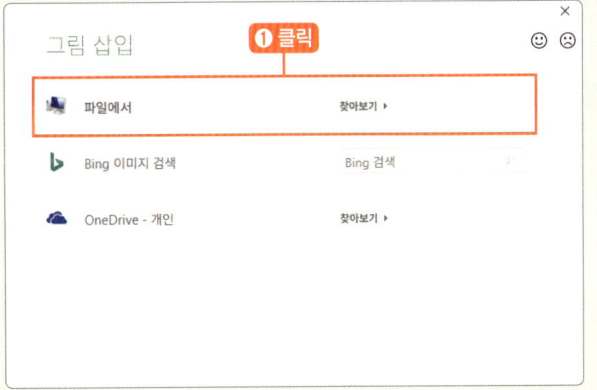 

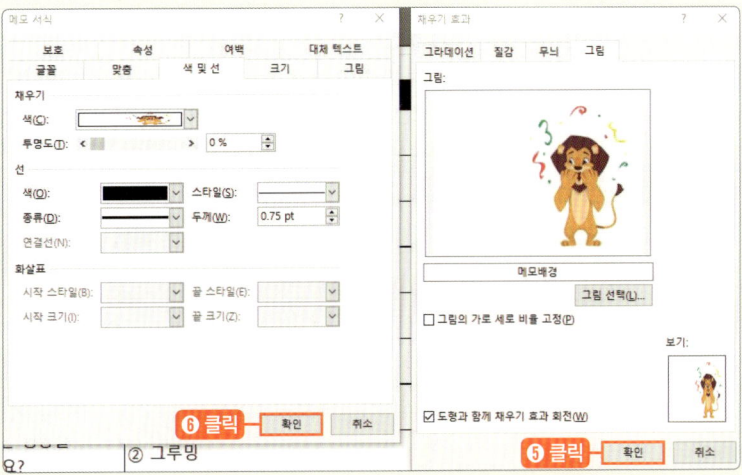

03 열 숨기기로 정답 감추기

❶ 정답이 적힌 D열을 마우스 오른쪽 단추로 클릭하여 [숨기기]를 클릭해요.

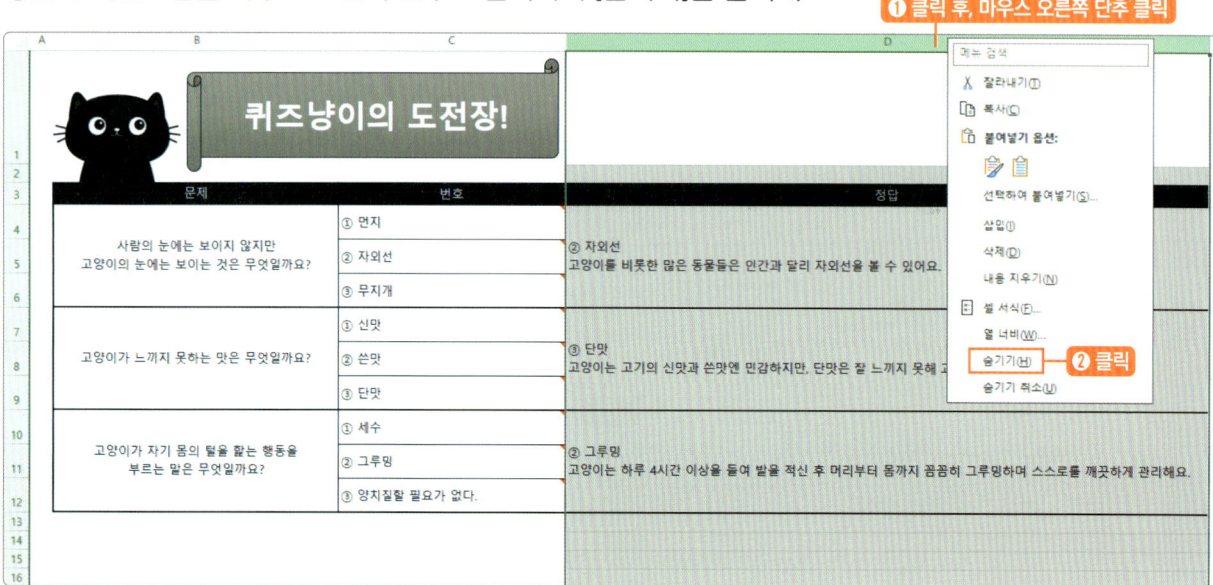

❷ 짠~ 퀴즈 문제만 보이도록 완성되었습니다! 완성된 파일은 저장할 폴더를 선택한 후, 파일 이름은 '퀴즈냥이(완성).xlsx'로 저장해요.

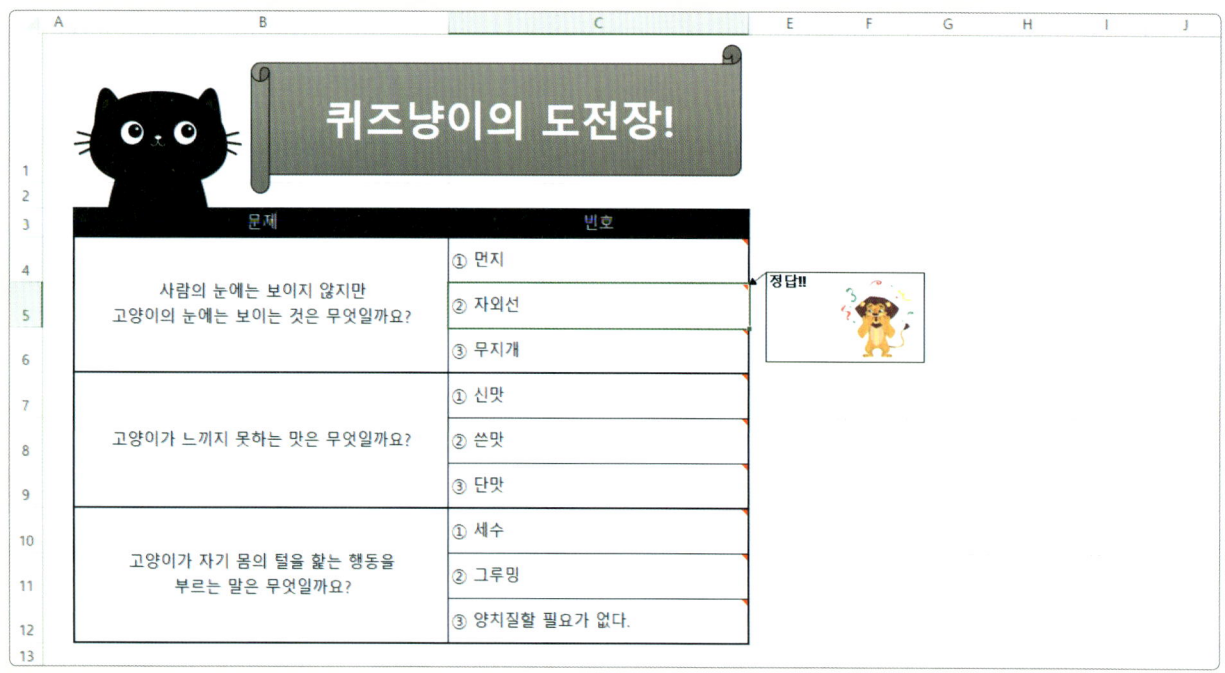

여기서 잠깐!

D열은 삭제가 아니라 숨겨졌어요! 만일 정답을 보고 싶을 땐 C열~E열을 드래그하고 마우스 오른쪽 단추를 눌러서 '숨기기 취소'를 클릭해 주세요!

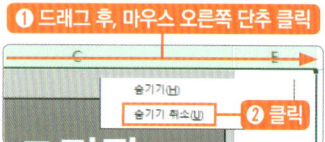

CHAPTER 05 미션! 뚝딱뚝딱!

■ 불러올 파일 : 멸종위기동물.xlsx   ■ 완성된 파일 : 멸종위기동물(완성).xlsx

01 내 맘대로 사고력으로 문제해결능력 UP

메모를 활용하여 멸종위기 동물 세계지도를 완성해요.

미션 1) [B4]~[J4] 셀을 드래그하여 '병합하고 가운데 맞춤'을 클릭하고 '글꼴(돋움, 25, 진하게)'을 설정해요.

미션 2) [D8] 셀과 [H10] 셀에 메모를 다음과 같이 설정해요.
   ① [D8] 셀 : 메모 내용('황제 펭귄'), 메모 배경([불러올 파일]-[CHAPTER 05]-'펭귄.jpg')
   ② [H10] 셀 : 메모 내용('판다'), 메모 배경([불러올 파일]-[CHAPTER 05]-'판다.jpg')

미션 3) [D8], [H10] 셀의 메모가 항상 표시되도록 설정하고 메모의 위치를 그림과 같이 변경해요.

CHAPTER 06 잠자는 뇌를 깨우는 5분 스트레칭

4분 K마블 타자연습으로 잠자는 손가락을 깨워요^^   평균 타수:

연습하고 싶은 학습 게임을 선택해서 연습해 보아요.

1분 넌센스 퀴즈로 잠자는 뇌를 깨워요^^

북극곰, 판다, 불곰은 생김새는 비슷하지만, 사는 곳도 다르고 먹는 음식도 꽤 달라요! 그림을 보고 (   ) 안에 들어갈 음식을 맞춰보아요.

나는 북극곰이야

[사는 곳 : 북극 지역]
북극곰은 육식성이며, 주로 물개나 (   )를 사냥해요.

물고기

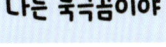
나는 판다야

[사는 곳 : 산 속]
판다는 거의 대부분 (   )만 먹는 초식 동물이에요.

대나무

나는 불곰이야

[사는 곳 : 숲이나 산, 평지]
불곰은 잡식성으로 물고기, (   ), 곤충 등 여러 음식을 먹어요.

꿀과 과일

CHAPTER 06 동물 탐험 카드북

- 새 시트를 만들고, 시트끼리 연결(링크)해서 클릭 한 번으로 이동할 수 있어요.
- 불러올 파일 : 동물카드북.xlsx
- 완성된 파일 : 동물카드북(완성).xlsx

도형 위로 마우스를 가져가니 손 모양으로 바꿔었어!

클릭해봐! 어느 시트로 이동이 되는지!!

01 새로운 시트 추가하기

❶ [Excel 2021]을 실행한 다음 [불러올 파일]-[CHAPTER 06]-'동물카드북.xlsx' 파일을 열어봅니다.

❷ [동물관찰기] 시트 오른쪽에 있는 ➕ 버튼을 3번 클릭해요.

❷ 시트 확인 ❶ 3번 클릭

❸ [Sheet1] 위에서 마우스 오른쪽 단추를 클릭하고 [이름 바꾸기]를 클릭한 다음 '북극'으로 변경해요.

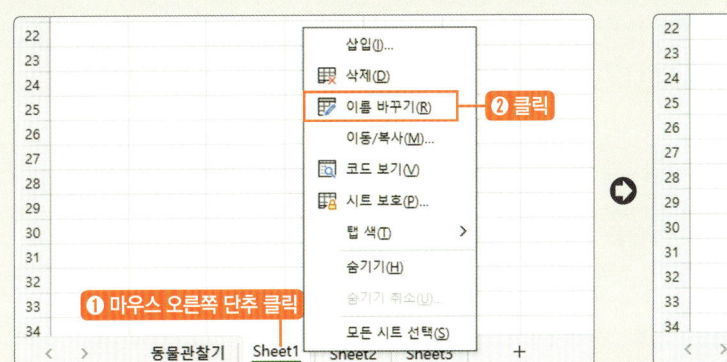 

❹ [Sheet2]를 마우스로 더블클릭하여 '정글'로 변경하고 Enter 키를 눌러요. 같은 방법으로 [Sheet3]은 '사막'으로 변경해요.

 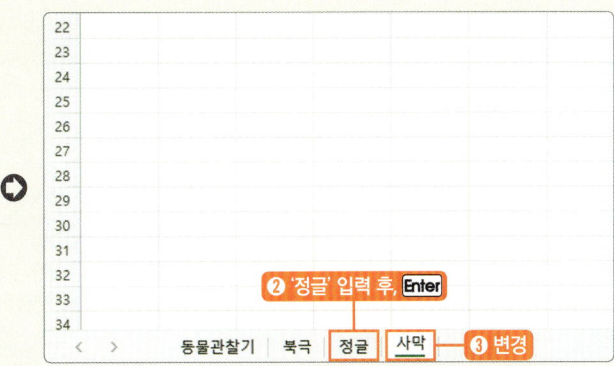

TIP

■ 엑셀에 시트(Sheet)란?

정보를 적는 한 장의 종이라고 생각하면 돼요!
예를 들어 우리가 엑셀이라는 공책을 열면, 그 안에는 여러 장의 '시트(종이)'가 있어요.
시트의 이름을 변경하는 방법은 '이름 바꾸기'를 클릭하거나 시트를 더블클릭하여 변경할 수 있어요.

❺ [동물관찰기] 시트를 마우스 오른쪽 단추로 클릭하고 [탭 색]-[표준색(파랑)]으로 설정하면 색깔로 구분해서 볼 수 있어요.

※ 탭(시트)마다 원하는 색으로 설정할 수 있어요.

02 시트에 그림 삽입하기

❶ [북극] 시트의 [A1] 셀을 클릭하고 [삽입] 탭-[일러스트레이션]-[그림]-'이 디바이스..'를 클릭한 다음 '북극.jpg' 그림을 삽입해요.

※ 그림 위치 : [불러올 파일]-[CHAPTER 06]-'북극.jpg'

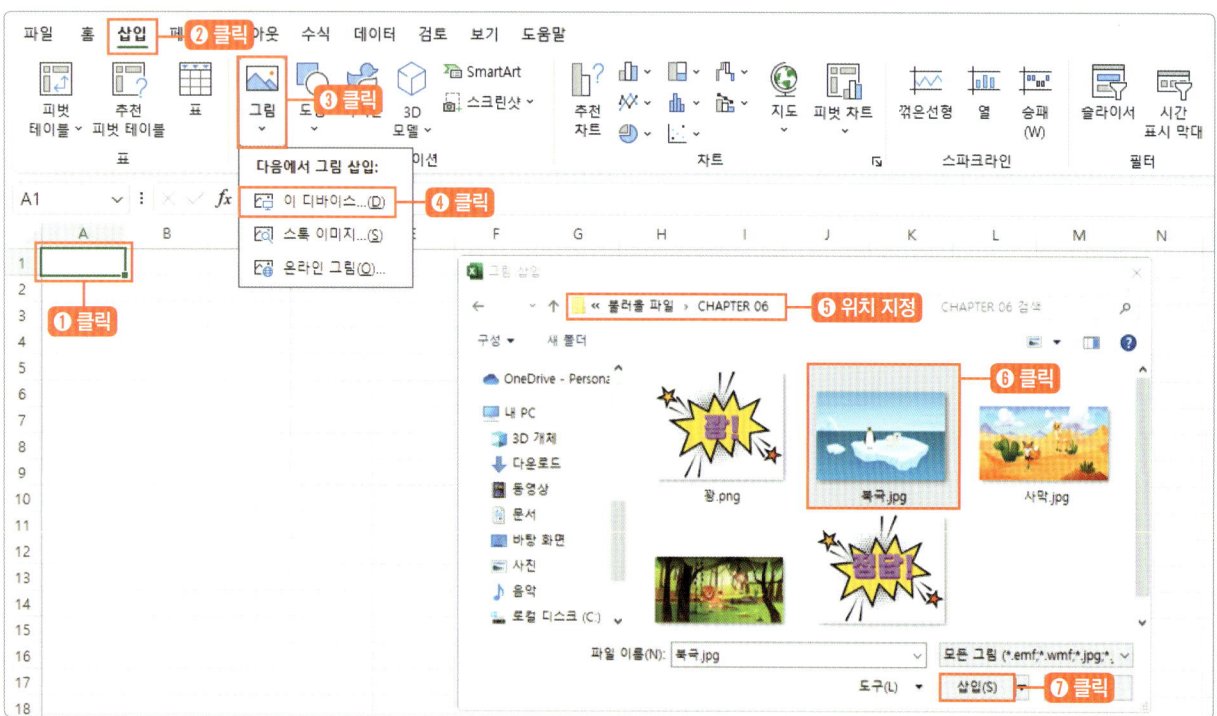

❷ [A1] 셀부터 그림이 배치되었는지 확인하고, 같은 방법으로 [정글]과 [사막] 시트에도 각각 '정글.jpg'과 '사막.jpg' 그림을 삽입해요.

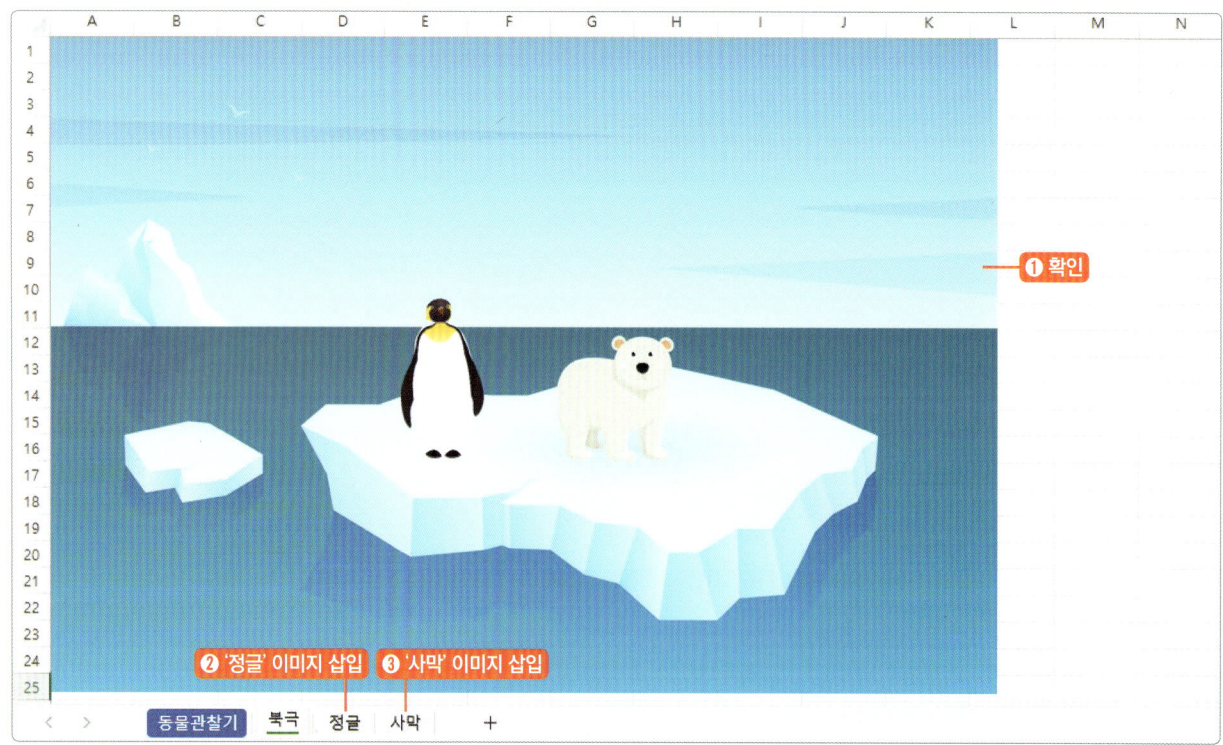

03 도형에 링크 연결하기

❶ [동물관찰기] 시트의 '북극' 도형을 마우스 오른쪽 단추로 클릭한 다음 [링크]를 클릭해요.

❷ [하이퍼링크 삽입] 대화상자에서 [현재 문서]-'북극'을 선택하고 <확인> 단추를 클릭해요.
   ※ 같은 방법으로 '정글'과 '사막' 도형에도 각각 '정글'과 '사막' 시트로 이동하도록 링크를 연결해요.

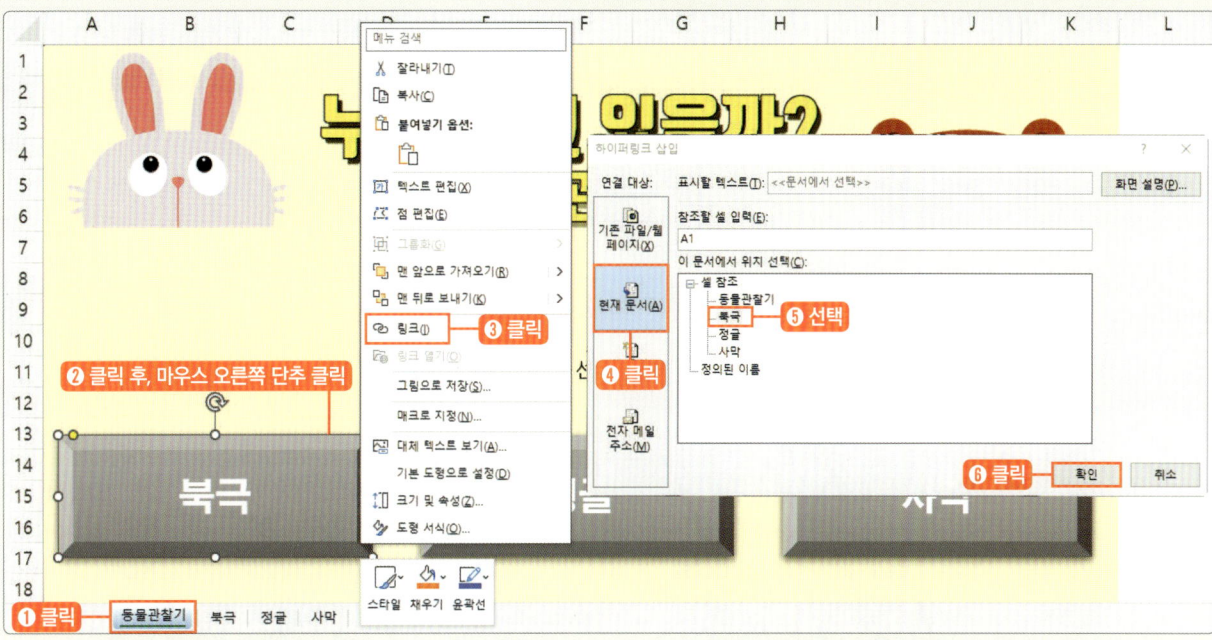

❸ '북극' 도형을 클릭하고 [북극] 시트로 이동하는지 확인해요! 완성된 파일은 저장할 폴더를 선택한 후, 파일 이름은 '동물카드북(완성).xlsx'로 저장해요.

CHAPTER 06 미션! 뚝딱뚝딱!

■ 불러올 파일 : OX퀴즈.xlsx   ■ 완성된 파일 : OX퀴즈(완성).xlsx

01 내 맘대로 사고력으로 문제해결능력 UP

링크를 활용하여 OX 퀴즈를 완성해 보세요.

미션 1) [문제] 시트의 색상을 '표준색(주황)'으로 변경해요.

미션 2) [정답]과 [꽝] 시트의 [A1] 셀에 각각 '정답.png'과 '꽝.png' 그림을 삽입해요.
  ※ 그림 위치 : [불러올 파일]-[CHAPTER 06]-'정답.png', '꽝.png'

미션 3) [정답]과 [꽝] 시트의 [K2] 셀부터 [L5] 셀 범위 안에 '화살표: 왼쪽' 도형을 삽입해요.

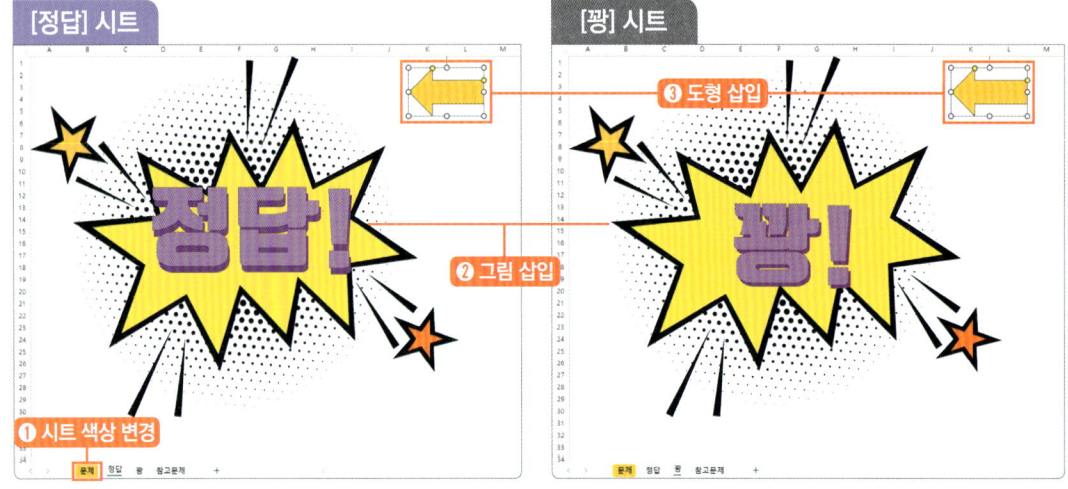

미션 4) [정답]과 [꽝] 시트에서 '화살표: 왼쪽' 도형을 클릭했을 때 [문제] 시트로 이동하도록 [링크]를 설정해요.

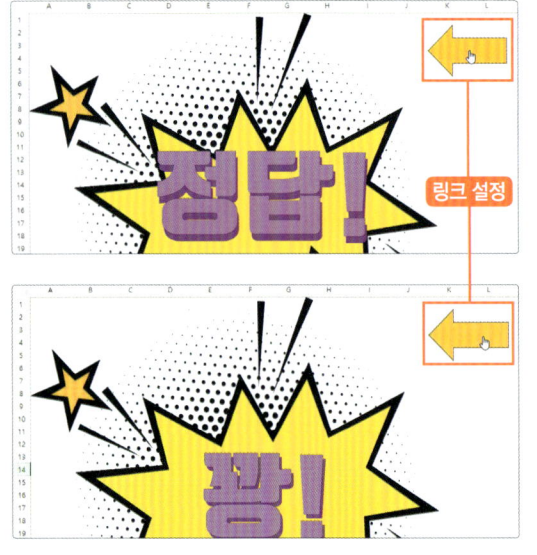

CHAPTER 07 잠자는 뇌를 깨우는 5분 스트레칭

4분 K마블 타자연습으로 잠자는 손가락을 깨워요^^   평균 타수 :

연습하고 싶은 학습 게임을 선택해서 연습해 보아요.

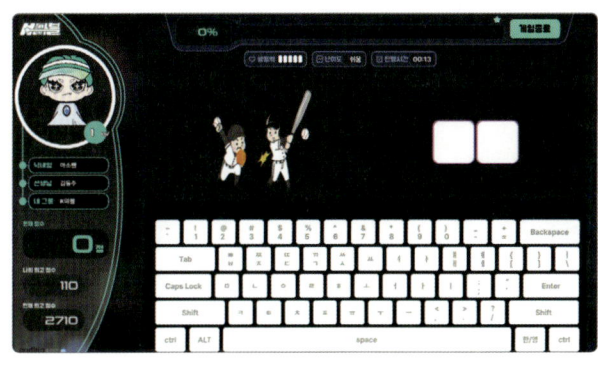

1분 넌센스 퀴즈로 잠자는 뇌를 깨워요^^

십이지신은 사람이 태어난 해를 나타내는 동물들이에요! 다음 동물의 그림을 보고 퀴즈를 맞춰요.

문제 **1** 12지신 중 가장 첫 번째 동물은 누구일까요?
① 쥐　② 호랑이　③ 용

문제 **2** 다음 중 12지신에 속하지 않는 동물은 무엇일까요?
① 토끼　② 고양이　③ 말

문제 **3** 12지신 중 하늘을 나는 동물은 누구일까요?
① 용　② 닭　③ 말

07 · 잠자는 뇌를 깨우는 5분 스트레칭　043

CHAPTER 07 나를 지켜줄 동물 수호신 (십이지신)

이런걸 배워요!
- 채우기 핸들 기능으로 데이터를 빠르게 작성할 수 있어요.

📘 불러올 파일 : 12지신 퀴즈왕.xlsx   📗 완성된 파일 : 12지신 퀴즈왕(완성).xlsx

01 자동 채우기

❶ [Excel 2021]을 실행한 다음 [불러올 파일]-[CHAPTER 07]-'12지신 퀴즈왕.xlsx' 파일을 열어봅니다.

❷ [B4] 셀을 클릭하고 오른쪽 아래에 있는 채우기 핸들(└┼┘)을 마우스로 클릭하여 [B15] 셀까지 드래그해요.

❸ [B15] 셀의 오른쪽 아래에 있는 자동 채우기 옵션(🔲) 버튼을 클릭하여 [연속 데이터 채우기]를 선택해요.

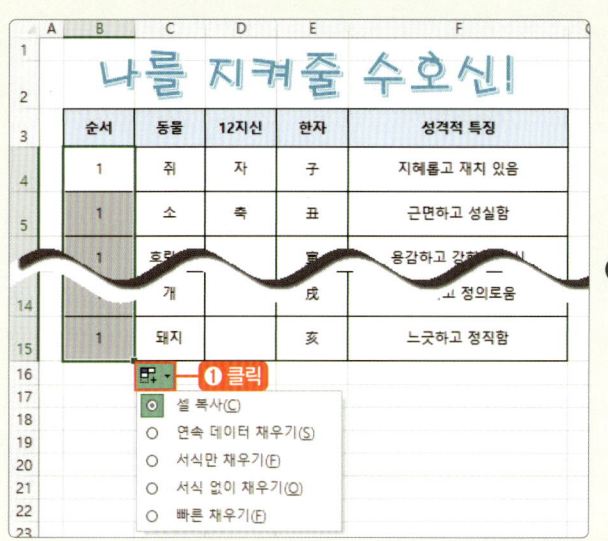 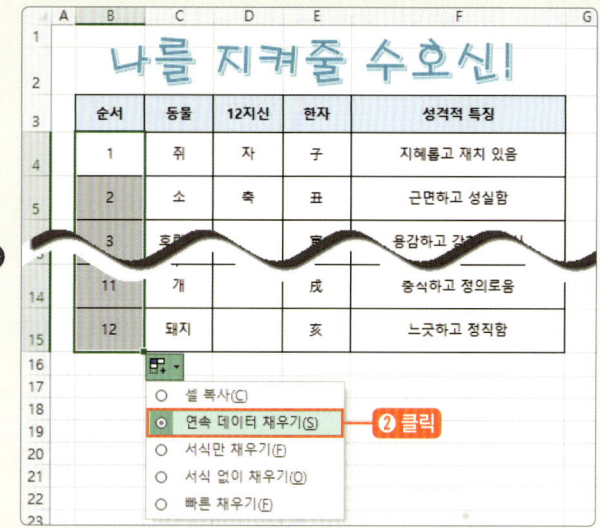

❹ [D4] 셀과 [D5] 셀을 드래그한 다음 채우기 핸들을 사용해서 [D15] 셀까지 드래그해요.

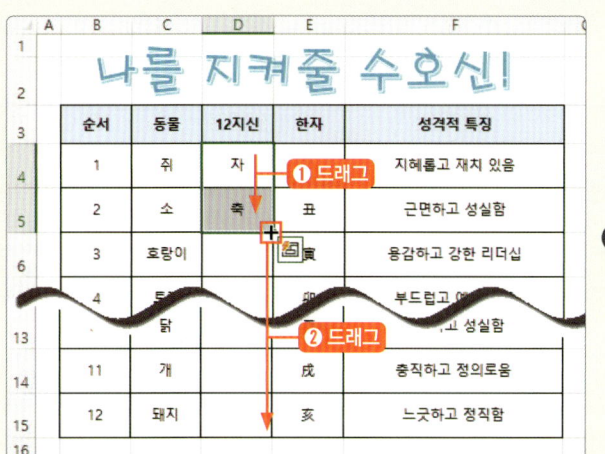 

TIP

- **채우기 핸들(🔲)이란?**

  채우기 핸들은 셀 오른쪽 아래쪽에 있는 초록색 점을 말해요.

- **자동 채우기란?**

  숫자나 요일, 패턴을 원하는 대로 채워줘요. (예시 : 1, 2 → 3, 4, 5… / 월, 화 → 수, 목, 금…)

- **언제 사용하면 좋을까요?**

  ① 숫자나 글자를 빠르게 쓰고 싶을 때
  ② 요일이나 월(月)을 쉽게 입력할 때
  ③ 패턴이 있는 데이터를 간편하게 만들 때

02 셀 테두리 설정하기

❶ [홈] 탭에서 [테두리(⊞)]를 클릭하여 '선 색'과 '선 스타일'을 다음과 같이 설정해요.

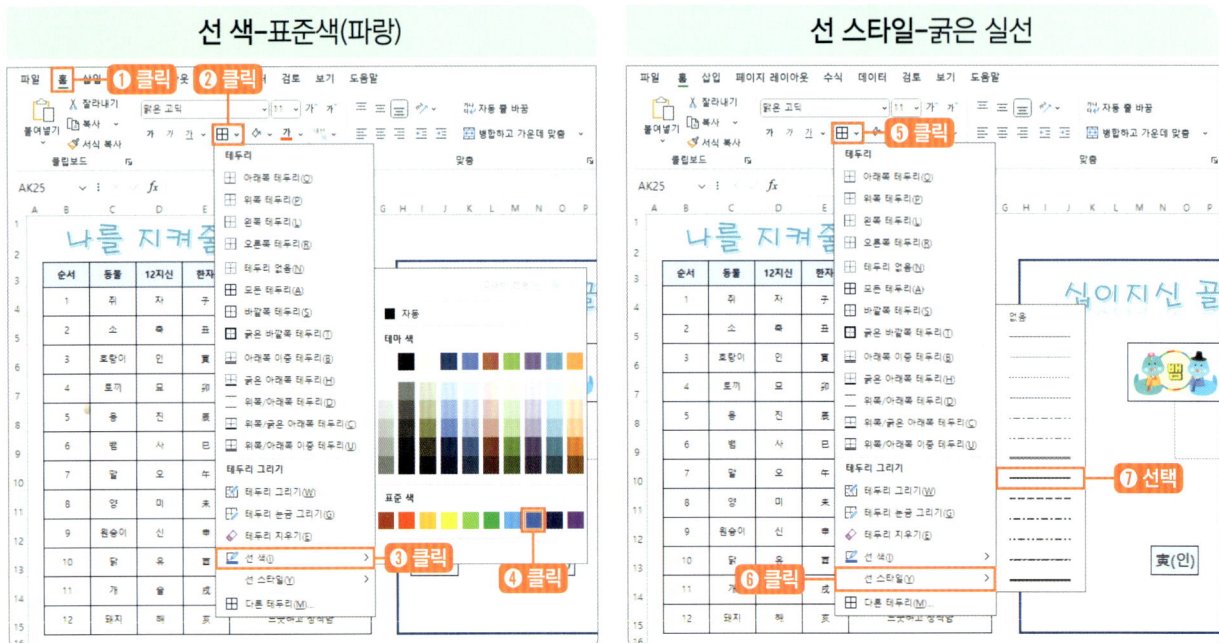

❷ [테두리]-'테두리 그리기'를 클릭하고 마우스 커서가 '연필 모양(✏)'으로 변경되면 점선을 따라 그려요. 그리기가 완료되면 Esc 키를 눌러요.

※ 대각선으로 그리지 않도록 주의해 주세요! 잘못 그렸을 때 Ctrl + Z 키를 누르면 한 단계씩 취소할 수 있어요.

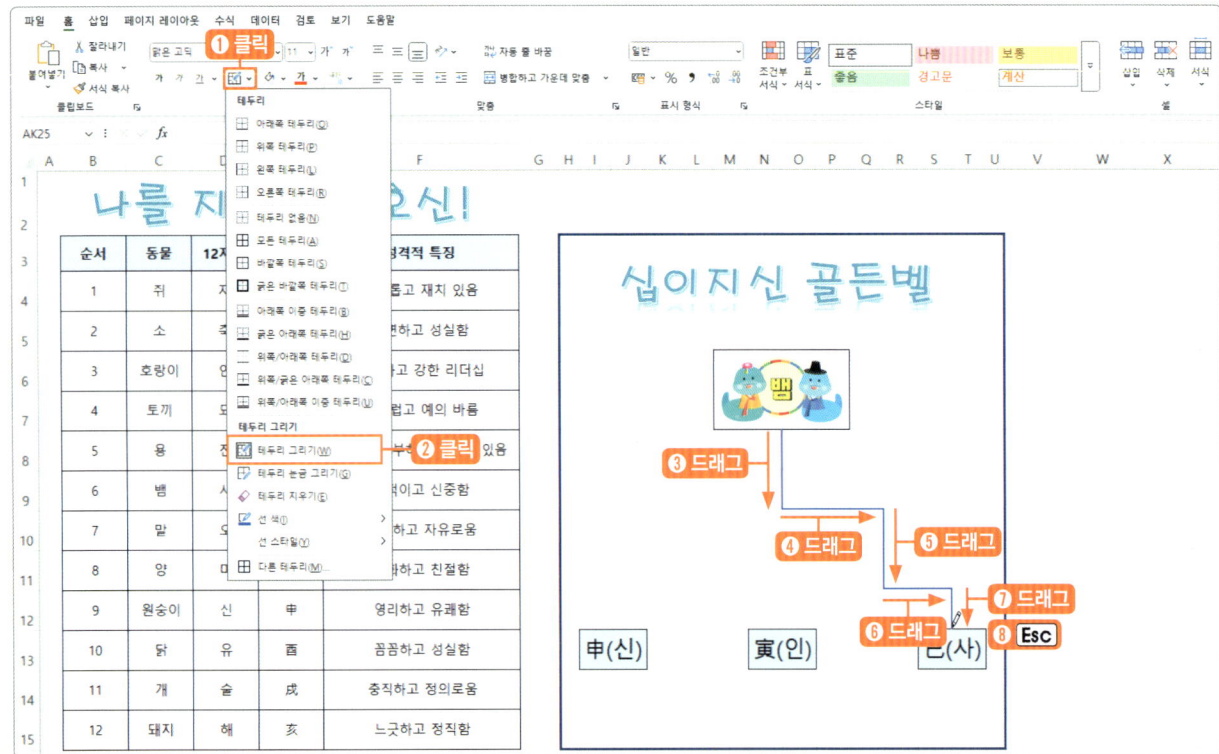

03 그림으로 복사하여 붙여넣기

❶ [보기] 탭-[표시]-'눈금선'을 눌러서 체크 해제해요.

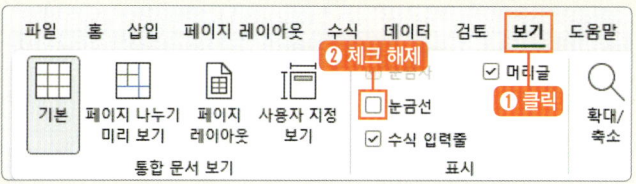

❷ [H3] 셀부터 [U15] 셀까지 드래그한 후, [홈] 탭-[클립보드]-[복사]-'그림으로 복사'를 클릭하고 <확인> 단추를 클릭해요.

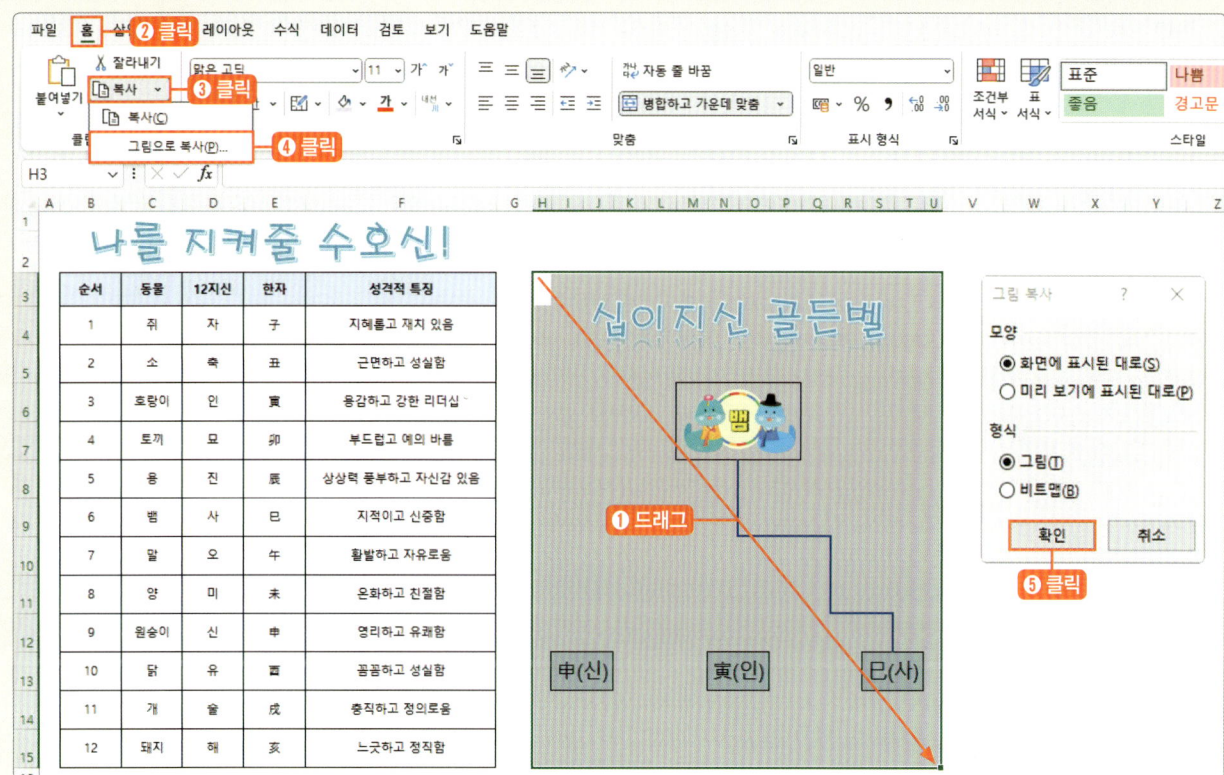

❸ [V3] 셀을 클릭하고 Ctrl+V 키를 눌러 그림을 붙여 넣고 그림의 크기와 위치를 조절하면 완성이에요! 완성된 파일은 저장할 폴더를 선택한 후, 파일 이름은 '12지신 퀴즈왕(완성).xlsx'으로 저장해요.

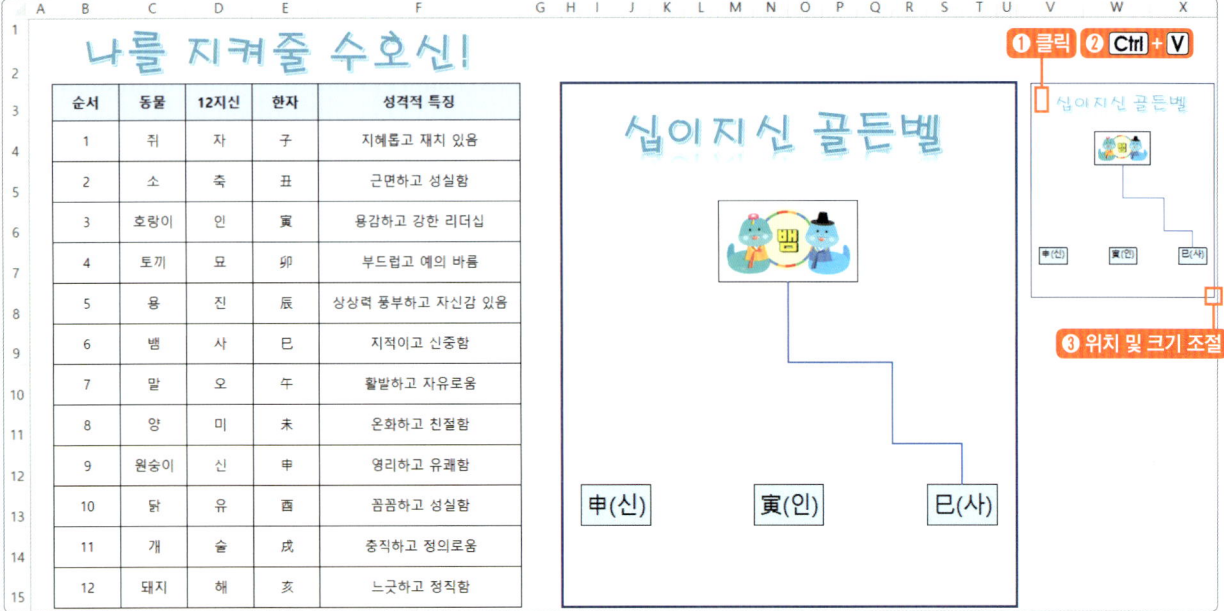

CHAPTER 07 미션! 뚝딱뚝딱!

■ 불러올 파일 : 강아지 캐릭터.xlsx   ■ 완성된 파일 : 강아지 캐릭터(완성).xlsx

01 내 맘대로 사고력으로 문제해결능력 UP

자동 채우기를 사용하여 연속된 번호를 표시하고 색 채우기를 이용하여 강아지 그림을 완성해 보세요.

미션 1) [A3] 셀부터 [A28] 셀까지 [채우기 핸들]과 [자동 채우기]를 사용하여 '1'~'26'까지 표시해 주세요. 같은 방법으로 [B2] 셀에서 [W2] 셀까지 '1'~'22'까지 표시해요.

미션 2) [홈] 탭-[글꼴]-'채우기 색(표준색-주황)'을 사용하여 오른쪽 그림처럼 완성해요.

미션 3) '눈금선'이 안 보이도록 설정해요.

미션 4) 색 채우기가 완료되면 [B3]~[W28] 셀까지 드래그하고 '그림으로 복사' 기능을 사용해서 '내가 만든 작품'에 붙여넣기(Ctrl + V)해요.

※ 완성된 그림과 똑같이 작성한 다음 색을 변경해서 나만의 강아지를 만들어요!

02 학습 게임으로 타자 실력 UP

혼자하는 타자 게임 또는 친구들과 대전 게임으로 승부를 겨루어 보아요.

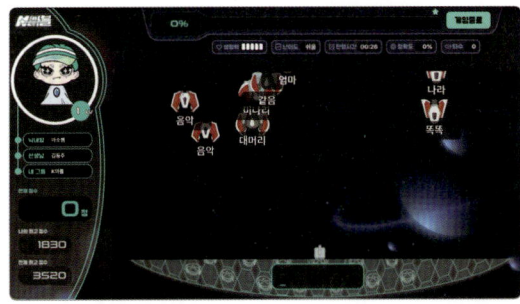

▲ 혼자 게임

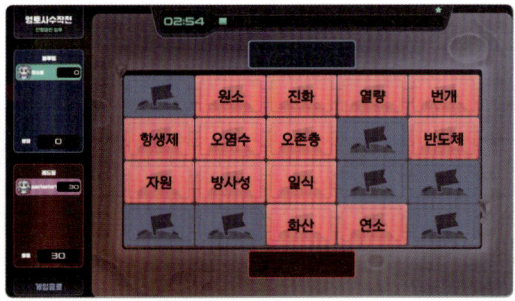

▲ 대전 게임

CHAPTER 08 : 내 맘대로 해결사 되기!

지난 세 개의 차시에서 배운 내용으로 스스로 해결해 볼까?

■ 불러올 파일 : 사다리 게임.xlsx   ■ 완성된 파일 : 사다리 게임(완성).xlsx

오늘은 지난 세 개의 차시에서 배운 내용으로 하나의 작품을 만들어 볼 거예요. 아래 완성 이미지를 참고해서 스스로 해결해 보고 어려운 부분은 손을 들어주세요.

※ 동물의 이름과 사다리의 가로선은 원하는 대로 설정해요. (교재 이미지와 다를 수 있어요!)

[작업 1] : 셀 병합 및 데이터 입력하기

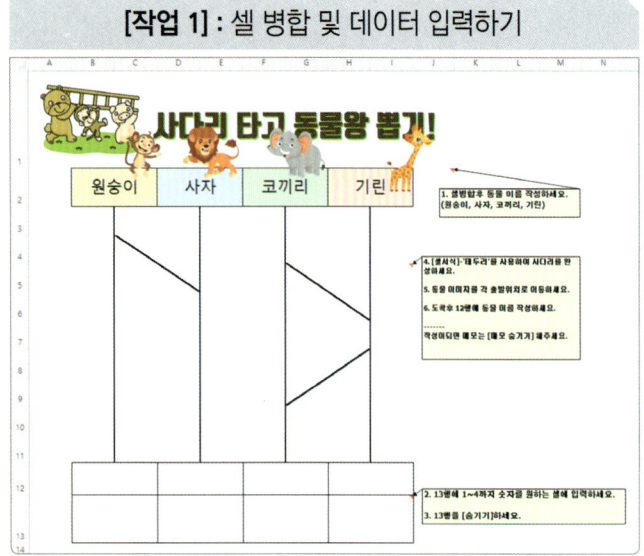

[작업 2] : 테두리 그리기 및 행과 메모 숨기기

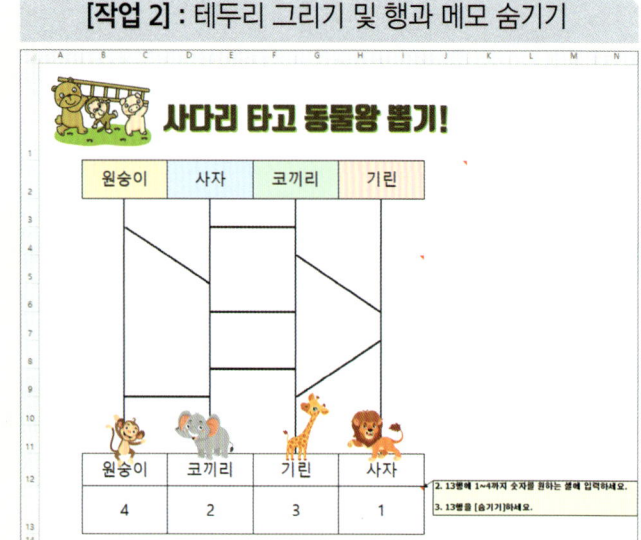

■ 이렇게 만들어 보아요. (아래 지시사항과 힌트를 보면서 스스로 해결해 보아요.)

01 내 맘대로 사고력으로 문제해결능력 UP

사다리 출발/도착 지점 꾸미기

❶ [B2:C2], [D2:E2], [F2:G2], [H2:I2] 셀을 각각 선택한 후, '병합하고 가운데 맞춤' 적용
❷ 출발 지점 : [B2], [D2], [F2], [H2] 셀에 '원숭이', '사자', '코끼리', '기린'을 순서 상관없이 입력
❸ 도착 지점 : 사다리 게임 종료 후, [B12], [D12], [F12], [H12] 셀에 도착한 동물 이름 입력

행 숨기기

❶ [B13], [D13], [F13], [H13] 셀에 '1', '2', '3', '4'를 순서 상관없이 입력
❷ 13행 숨기기

테두리 설정하기

❶ [C3] 셀부터 [H11] 셀까지 원하는 셀을 선택하고 [테두리]-'아래쪽 테두리' 설정
❷ 출발 지점으로 동물 그림 배치
❸ 사다리 게임판이 완성되면 [J2], [I5] 셀에 있는 메모 '숨기기'

※ **사다리 게임 방법**
- 숫자 1부터 4까지 숫자 선택
- 출발 지점에 동물 이름 순서 상관없이 작성하고, 도착 지점은 사다리 게임 후에 작성하기
- 출발 지점에 입력한 동물 이름에 맞게 동물 그림 배치하기
- 출발 지점에 있는 동물 그림을 하나씩 선택하고 사다리 선을 따라 도착 지점에 배치
- 도착 지점에 있는 동물 이름과 동물 그림이 일치하는지 확인하기
- 13행 숨기기 취소해서 본인이 선택한 번호와 일치하는지 확인하기

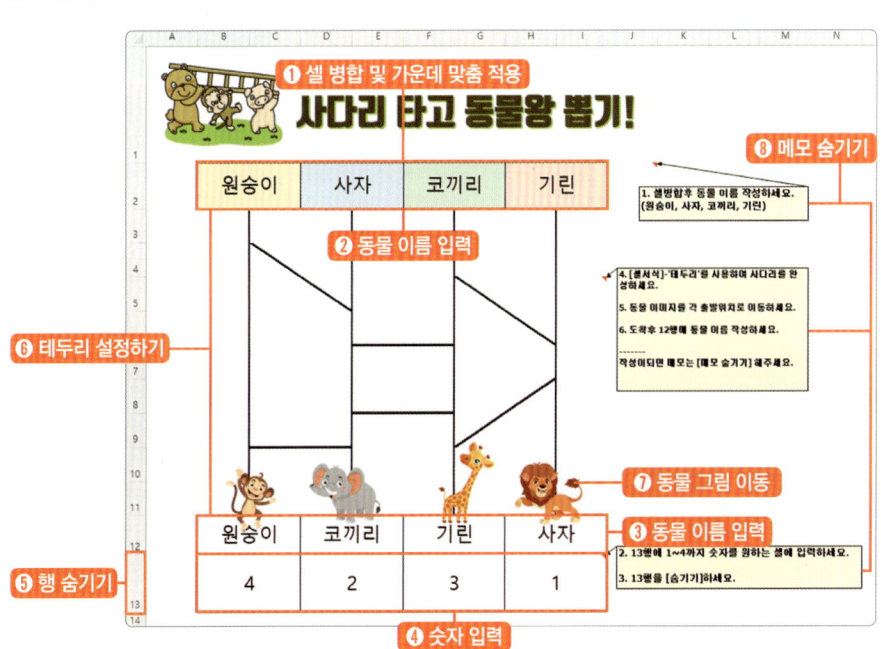

알아두면 좋은 컴퓨터 상식

CHAPTER 09 잠자는 뇌를 깨우는 5분 스트레칭

4분 K마블 타자연습으로 잠자는 손가락을 깨워요^^   평균 타수 :

연습하고 싶은 학습 게임을 선택해서 연습해 보아요.

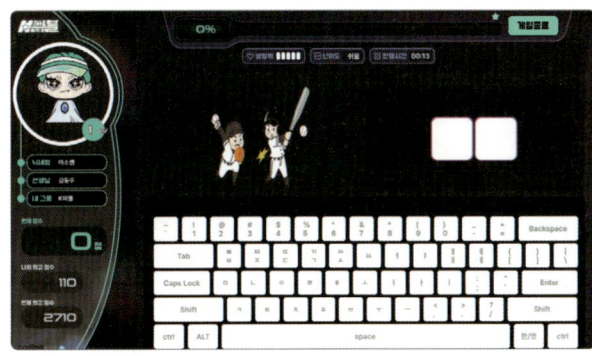

1분 넌센스 퀴즈로 잠자는 뇌를 깨워요^^

여러분~ 동물 친구들이 숲 속에 숨었어요!
코끼리, 사자, 얼룩말이 몇 마리씩 있는지 그림을 잘 보고 찾아볼까요?

CHAPTER 09 동물들은 하루에 물을 얼마나 마실까?

이런걸 배워요!
- 수식은 엑셀 안에 있는 계산기예요. 수식을 사용하면 실수 없이 빠르게 계산할 수 있어요. 또한, 워드아트와 그림 스타일로 문서를 예쁘게 꾸밀 수 있어요

📘 불러올 파일 : 물의 양.xlsx 📗 완성된 파일 : 물의 양(완성).xlsx

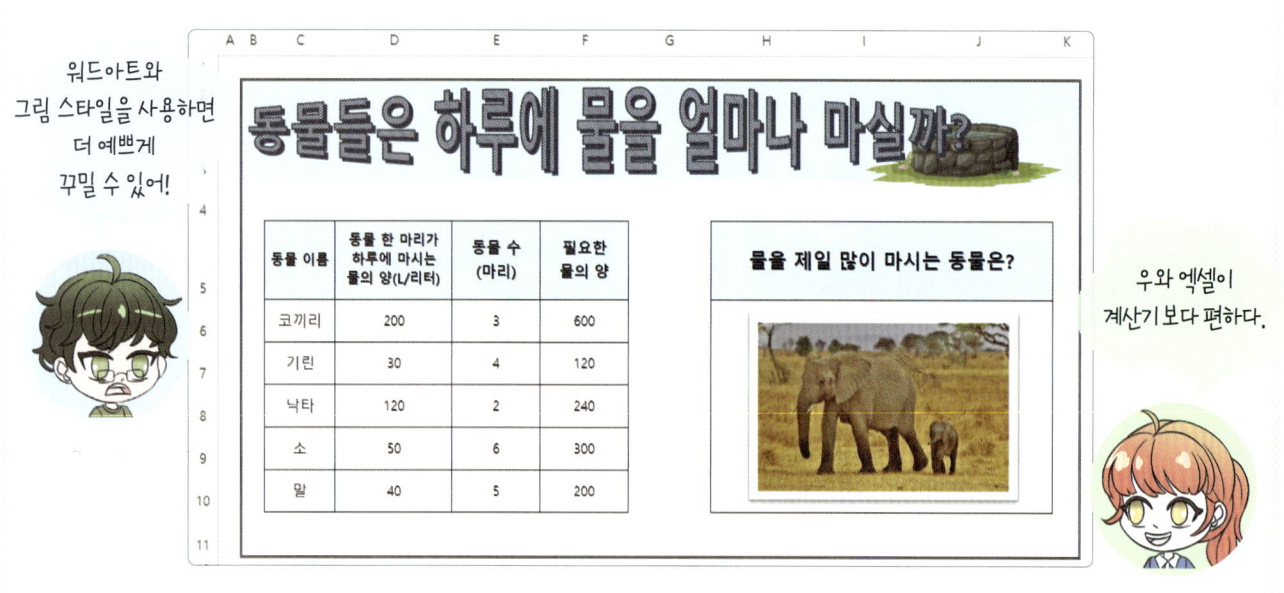

워드아트와 그림 스타일을 사용하면 더 예쁘게 꾸밀 수 있어!

우와 엑셀이 계산기보다 편하다.

01 워드아트로 제목 꾸미기

① [Excel 2021]을 실행한 다음 [불러올 파일]-[CHAPTER 09]-'물의 양.xlsx' 파일을 열어봅니다.

② [삽입] 탭-[텍스트]-'WordArt( )'를 클릭해요.

※ A (무늬 채우기: 청회색, 어두운 상향 대각선 줄무늬, 진한 그림자)를 사용해요.

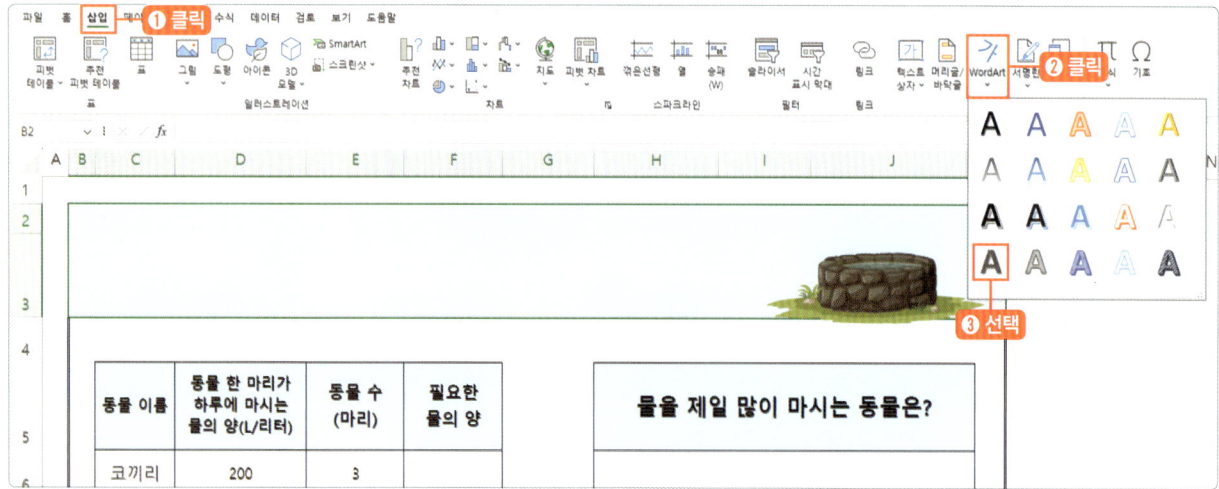

❸ 텍스트 상자에 '동물들은 하루에 물을 얼마나 마실까?'라고 입력하고, [홈] 탭-[글꼴] 그룹에서 글꼴(맑은 고딕(제목)), 크기(30)으로 설정해요. 이어서, 그림과 같이 [B2:J3] 셀 사이에 배치해요.

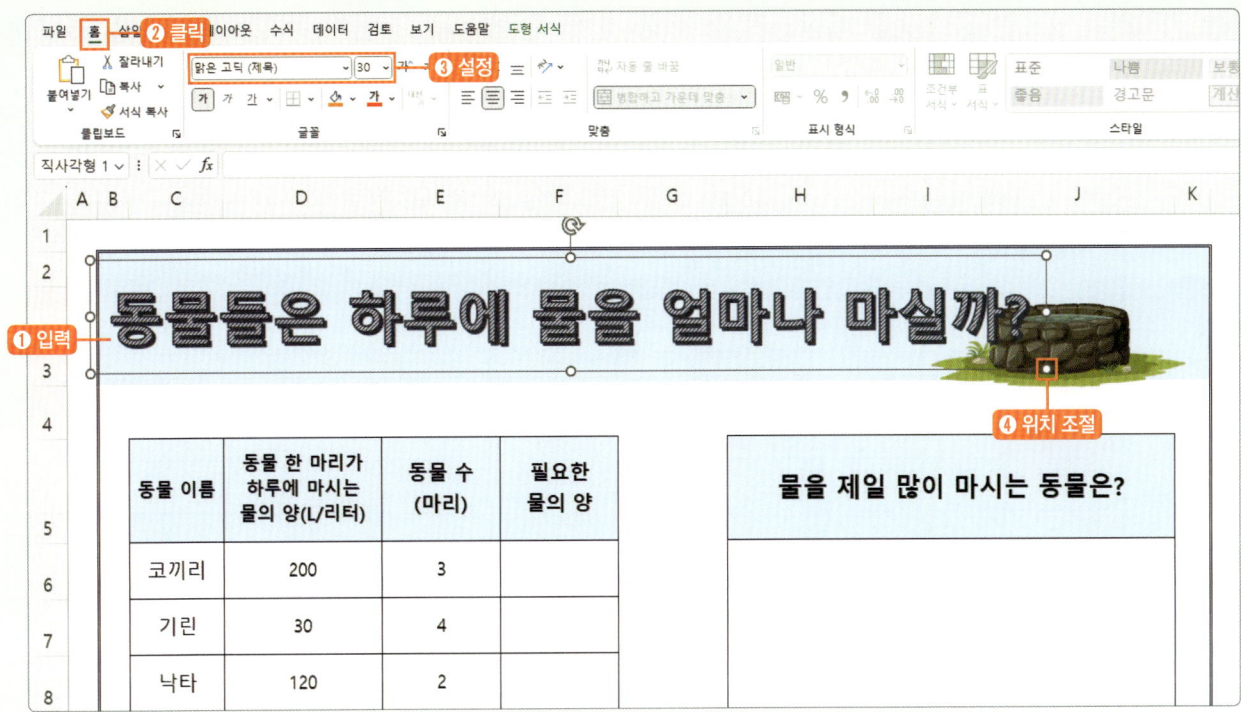

❹ 텍스트 상자를 클릭하고, [도형 서식] 탭-[WordArt 스타일] 그룹에서 [텍스트 효과]-[변환]-'중지'를 클릭해요.

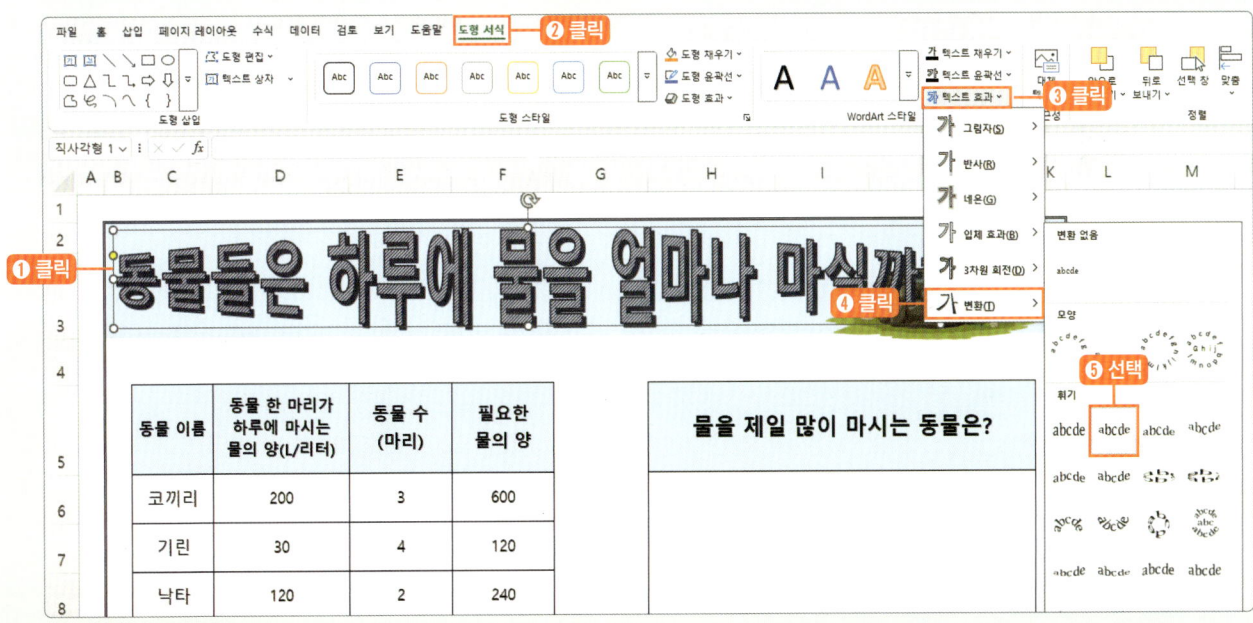

여기서 잠깐!

[텍스트 효과]의 '변환'은 글자를 모양대로 휘게 하거나 구부리는 기능이에요! '변환' 효과를 설정하면 글꼴 크기를 변경할 수 없기 때문에 글꼴 크기를 먼저 변경해 주세요.

02 셀끼리 곱하면 계산이 뚝딱!

❶ 코끼리가 필요한 물의 양을 계산하기 위해 [F6] 셀을 클릭한 후, '='을 입력하고 [D6] 셀을 클릭해요. 이어서, '*'를 입력한 후, [E6] 셀을 클릭하고 Enter 키를 눌러요.

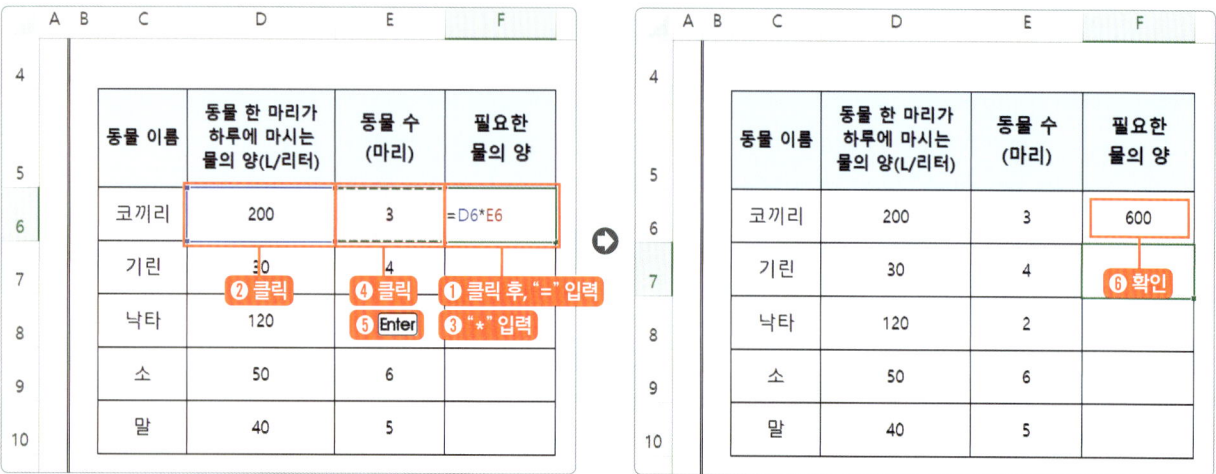

❷ [F6] 셀 클릭한 후, 채우기 핸들을 클릭하면서 [F10] 셀까지 드래그해요. 이어서, [F6:F10] 셀에 계산된 물의 양을 확인해요.

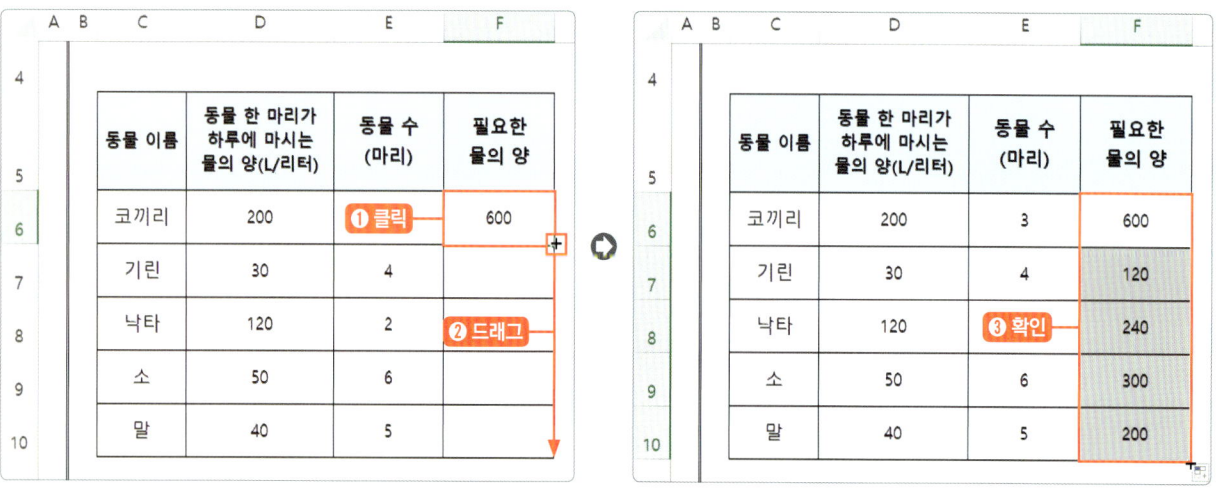

> **TIP**
> [F6] 셀에 입력된 =D6*E6 수식은 '200과 3을 곱해라'라는 의미에요.
> 수식이 입력된 [F6] 셀을 클릭하고 채우기 핸들을 사용해서 아래로 드래그하면 [F6] 셀에 입력한 수식이 그대로 복사되면서 동물마다 필요한 물의 양을 계산할 수 있어요.

03 온라인 그림 삽입하기

❶ [삽입] 탭-[일러스트레이션]-[그림]-'온라인 그림'을 클릭해요. 이어서, [온라인 그림] 대화상자에서 '코끼리'를 검색하고 원하는 사진을 클릭한 후, <삽입> 단추를 클릭해요.

❷ '코끼리' 그림의 크기를 조절하고 [그림 서식] 탭-[그림 스타일]-'단순형 프레임, 흰색'을 클릭해요. 이어서, 완성된 파일은 저장할 폴더를 선택한 후, 파일 이름은 '물의 양(완성).xlsx'으로 저장하세요.

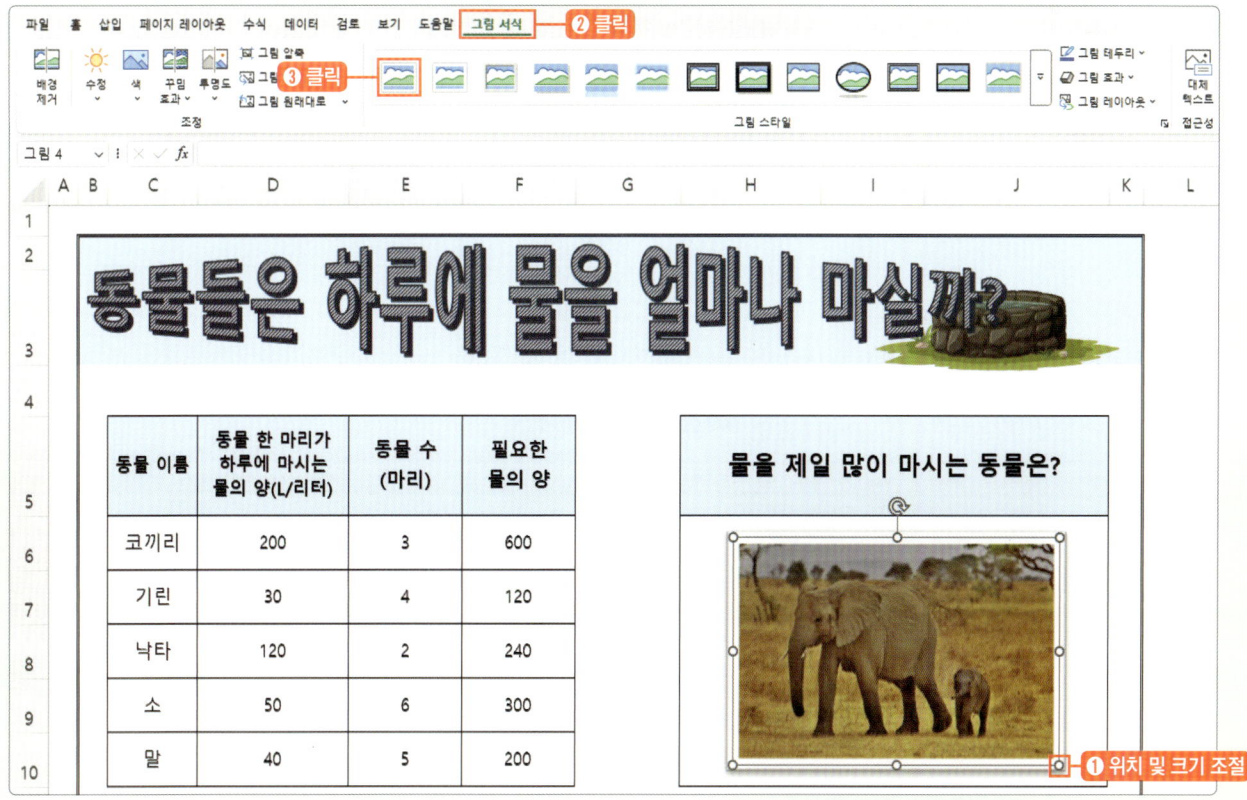

CHAPTER 09 미션! 뚝딱뚝딱!

📁 불러올 파일 : 동물 사진첩.xlsx   📁 완성된 파일 : 동물 사진첩(완성).xlsx

01 내 맘대로 사고력으로 문제해결능력 UP

내가 좋아하는 동물 사진첩을 완성해요.

미션 1) 'WordArt' 중에서 원하는 글자 스타일을 선택하고 [C4:G9] 셀 사이에 배치해요.
– 텍스트 내용은 '내가 좋아하는 동물'로 입력해요.

미션 2) '온라인 그림' 중 내가 원하는 동물을 삽입하여 그림 스타일을 적용한 다음 [C11:G28] 셀 사이에 배치해요.
– [그림 스타일]-'단순형 프레임, 흰색', 그림 회전하기

❶ 워드아트 추가
❷ 온라인 그림 추가
❸ 그림 스타일 적용

CHAPTER 10 잠자는 뇌를 깨우는 5분 스트레칭

4분 K마블 타자연습으로 잠자는 손가락을 깨워요^^　　평균 타수 :

연습하고 싶은 학습 게임을 선택해서 연습해 보아요.

 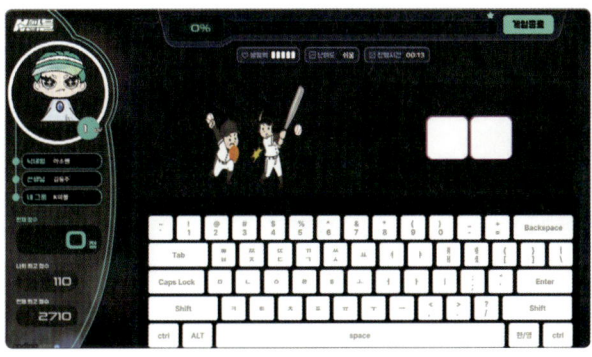

1분 넌센스 퀴즈로 잠자는 뇌를 깨워요^^

판다가 제일 좋아하는 음식을 찾아서 먹을 수 있게 선으로 연결해 주세요!

물고기

대나무

코코넛

CHAPTER 10 판다야, 어디 살고 있니?

이런걸 배워요!
- 자동 합계 기능으로 빠르게 계산하고 내가 원하는 순서대로 데이터를 정렬할 수 있어요.

📁 불러올 파일 : 국가별 판다.xlsx   📁 완성된 파일 : 국가별 판다(완성).xlsx

01 자동 합계 사용하기

❶ [Excel 2021]을 실행한 다음 [불러올 파일]-[CHAPTER 10]-'국가별 판다.xlsx' 파일을 열어봅니다.

❷ [C14] 셀을 클릭하고 [수식] 탭-[함수 라이브러리] 그룹의 [자동합계(∑)]-'합계'를 클릭해요.

❸ [C14] 셀에 입력된 수식을 확인하고 Enter 키를 누르면 판다가 총 몇 마리인지 확인할 수 있어요.

※ 수식 : =SUM(C3:C13), 결과 : 1894

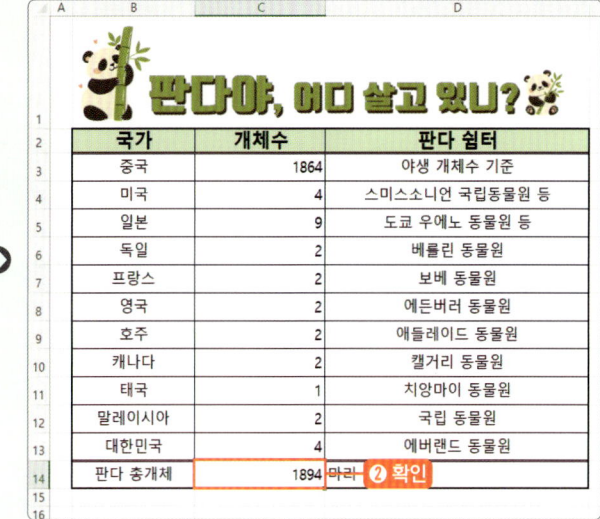

TIP

수식을 입력할 때 셀 범위를 표시할 때 콜론(:)과 쉼표(,)의 차이를 알아보아요.

기호	뜻	예시	결과
콜론(:)	연결된 셀을 쭉 선택할 때 사용해요.	=SUM(A1:A3)	A1~A3까지 더하기
쉼표(,)	따로 떨어져 있는 셀을 선택할 때 사용해요.	=SUM(A1, A3, A5)	A1, A3, A5만 더하기

02 데이터 정렬하기

❶ [B3:D13] 셀을 드래그하여 선택하고 [데이터] 탭-[정렬 및 필터]-'정렬(🔽)'을 클릭해요.

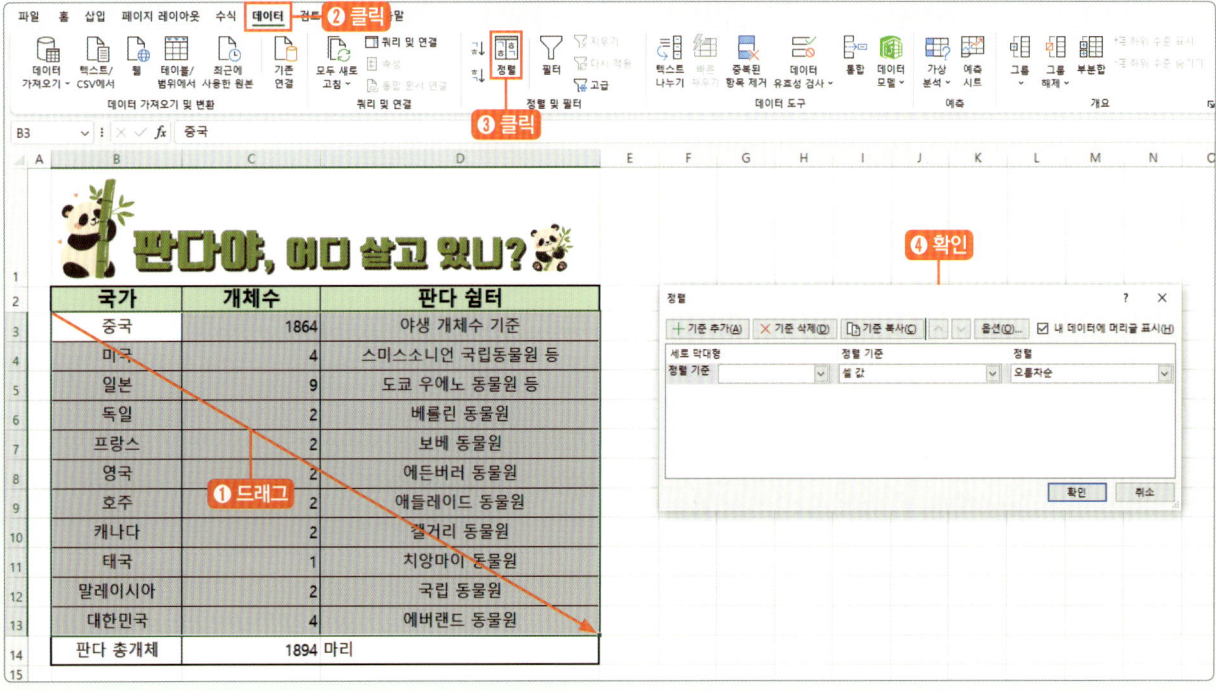

❷ [정렬] 대화상자에서 '내 데이터에 머리글 표시'에 체크 표시가 되었는지 확인해요. 이어서, 정렬 기준을 설정하고 <확인> 단추를 클릭해요.

※ 정렬 기준 : 개체수, 셀 값, 내림차순

여기서 잠깐!

'내 데이터에 머리글 표시'는 맨 위에 있는 제목 줄이 '제목'인지 '데이터'인지를 알려주는 기능이에요!
우리는 [B3] 셀부터 [D3] 셀까지 제목으로 되어있기 때문에 체크를 해야 해요.

❸ [C3] 셀부터 [C13] 셀의 정렬된 내용을 확인해요. 우리나라(대한민국)은 몇번째 일까요?

TIP

정렬의 기준은 오름차순과 내림차순 2가지가 있어요.
오름차순은 작은 것부터 큰 것으로 올라가요! (예를 들어, 숫자-1, 2, 3…/ 문자-가, 나, 다…)
내림차순은 큰 것부터 작은 것으로 내려와요! (예를 들어, 숫자-3, 2, 1…/ 문자-다, 나, 가…)
숫자가 큰 것부터 보려면 내림차순으로 설정해야 해요!

03 엑셀 시트에 배경 그림 넣기

❶ 시트에 배경 그림을 넣기 위해 [페이지 레이아웃] 탭-[페이지 설정]-'배경'을 클릭해요.

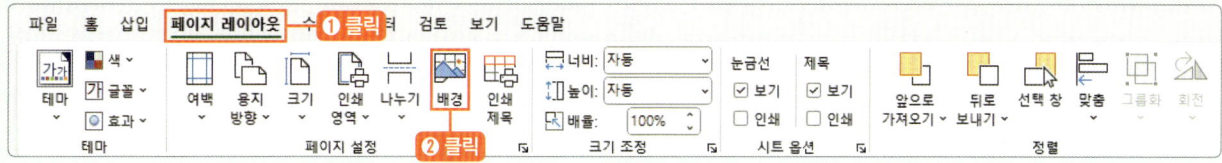

❷ [그림 삽입]-[파일에서]를 클릭하고 [불러올 파일]-[CHAPTER 10]-'판다 배경.jpg' 파일을 선택한 다음 <삽입> 단추를 클릭해요.

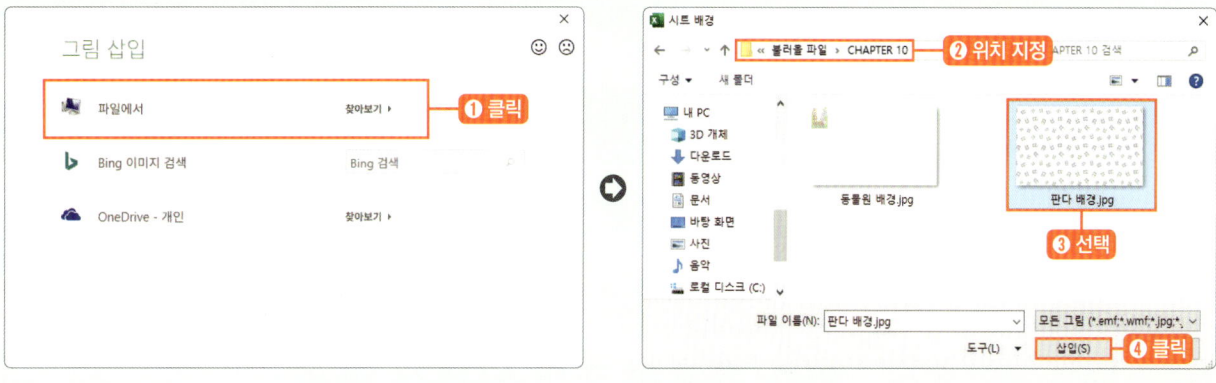

❸ 귀여운 판다 그림이 배경으로 설정되었어요~ 완성된 파일은 저장할 폴더를 선택한 후, 파일 이름은 '국가별 판다(완성).xlsx'으로 저장해요.

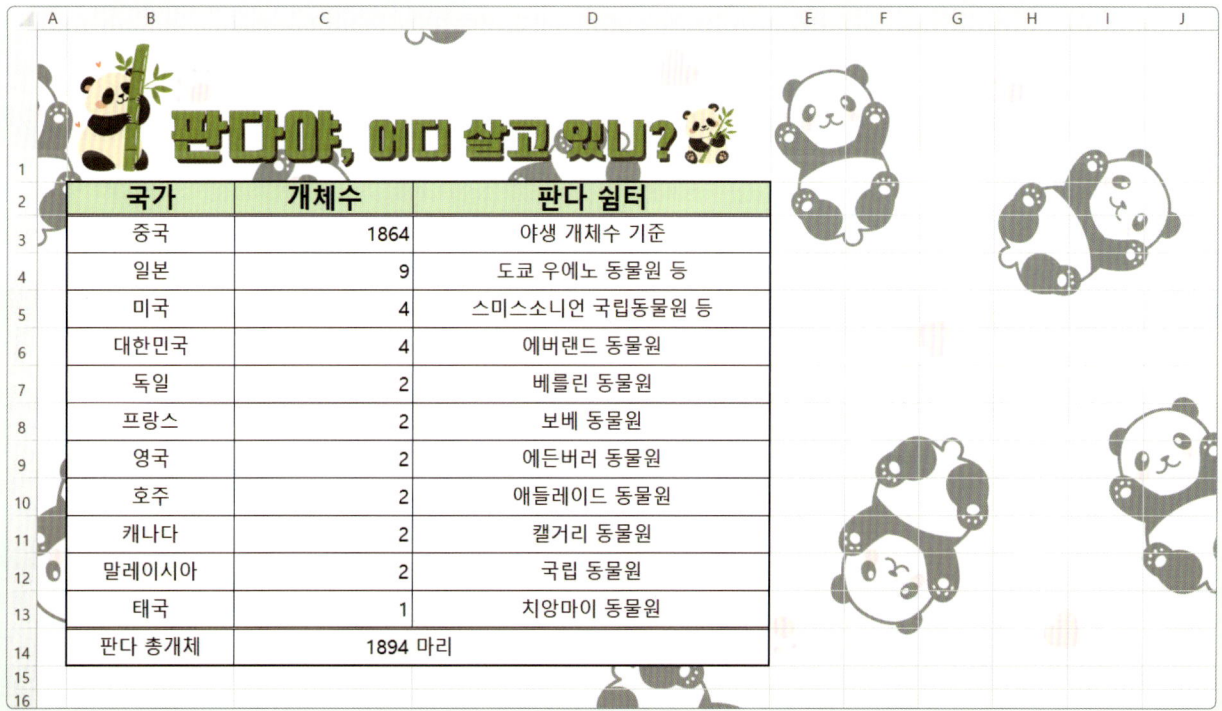

CHAPTER 10 미션! 뚝딱뚝딱!

■ 불러올 파일 : 동물원 방문객.xlsx   ■ 완성된 파일 : 동물원 방문객(완성).xlsx

01 내 맘대로 사고력으로 문제해결능력 UP

토요일과 일요일에 아소 동물원을 방문한 총 인원의 합계를 계산하려고 해요.
문제를 보고 정답을 맞춰보세요.

미션 1) [F12] 셀을 선택하고 일요일 방문객 총 인원의 합계를 계산해요.

　　[힌트] 자동 합계를 사용해요.

미션 2) [E7:F11] 셀 범위를 선택하고 '일합계'를 정렬 기준으로 설정하여 '내림차순'으로 정렬해요.

미션 3) 시트의 배경을 '동물원 배경.jpg'으로 꾸며요.

　　※ 그림 위치 : [불러올 파일]-[CHAPTER 10]-'동물원 배경.jpg'

CHAPTER 11 잠자는 뇌를 깨우는 5분 스트레칭

4분 K마블 타자연습으로 잠자는 손가락을 깨워요^^

평균 타수 :

연습하고 싶은 학습 게임을 선택해서 연습해 보아요.

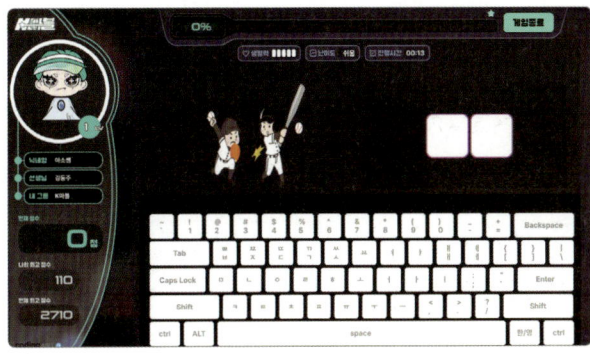

1분 넌센스 퀴즈로 잠자는 뇌를 깨워요^^

동물 친구들이 갑자기 몸이 뒤죽박죽 섞여버렸대요! 어떤 몸이 짝꿍인지 찾아서 선으로 이어주세요!

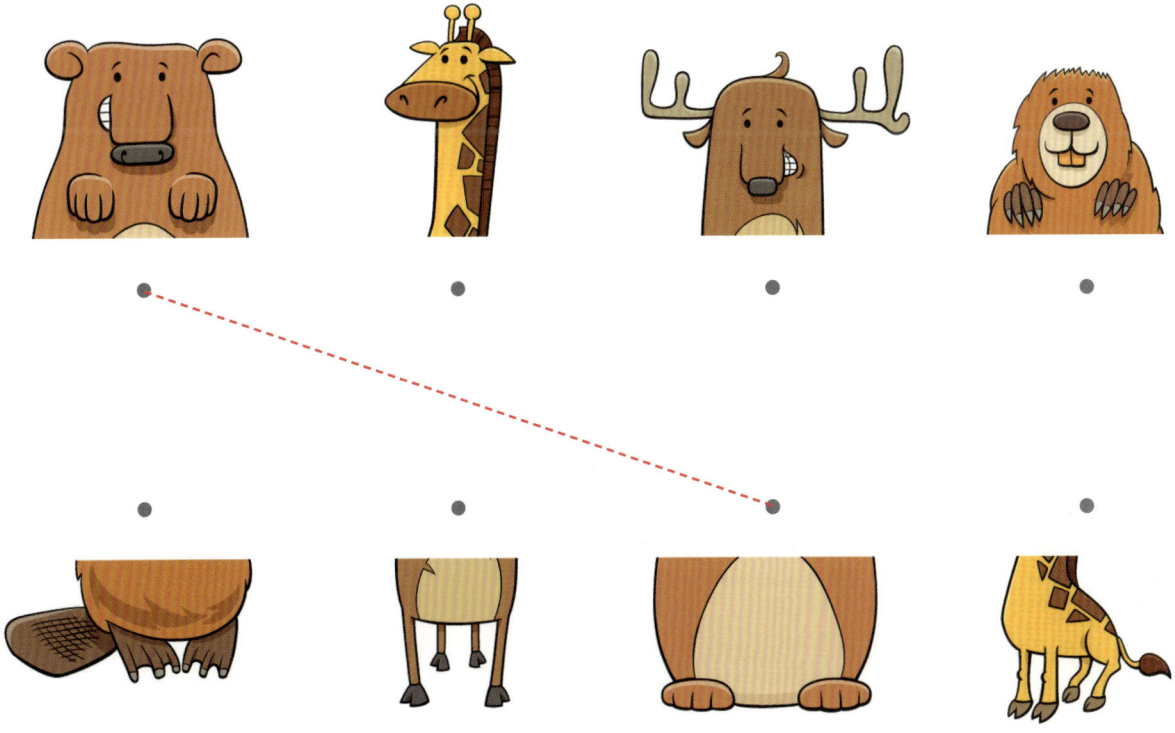

CHAPTER 11 누가 가장 무거울까?

이런걸 배워요!
- MAX 함수를 사용하면 가장 큰 숫자를 빠르게 찾을 수 있고, 스마트아트를 이용하면 동물을 쉽게 정리할 수 있어요.

■ 불러올 파일 : 몸무게 최고왕.xlsx   ■ 완성된 파일 : 몸무게 최고왕(완성).xlsx

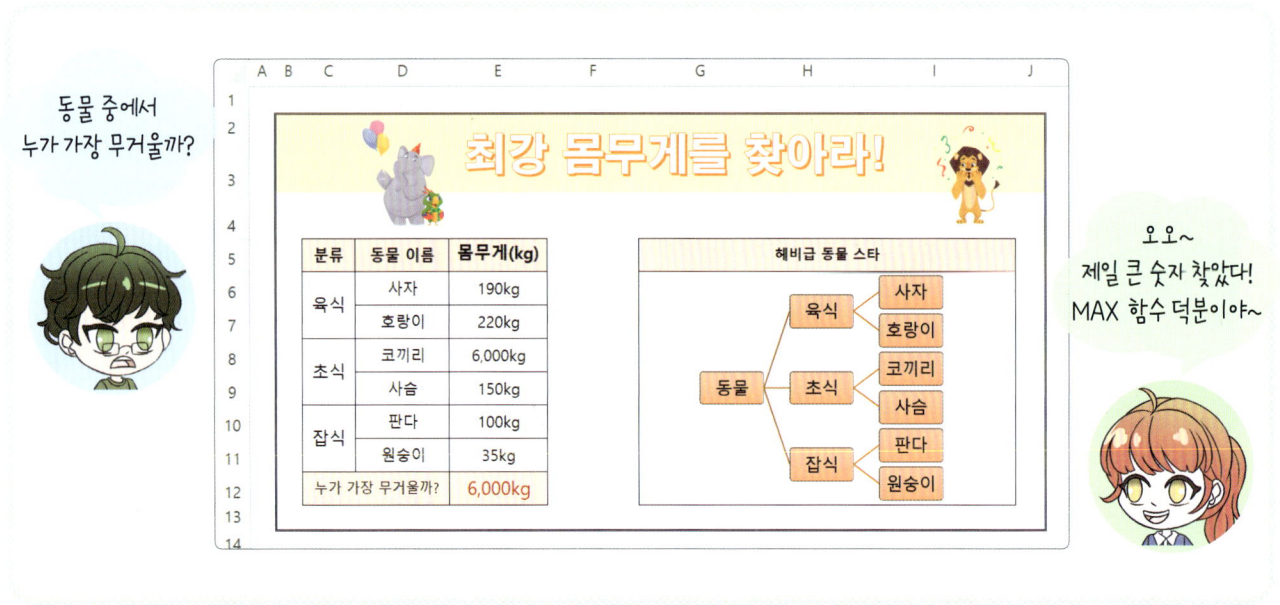

01 자동으로 최대값 계산하기

❶ [Excel 2021]을 실행한 다음 [불러올 파일]-[CHAPTER 11]-'몸무게 최고왕.xlsx' 파일을 열어봅니다.

❷ [E12] 셀을 클릭하고 [수식] 탭-[함수 라이브러리] 그룹에서 [자동 합계(∑)]-'최대값'을 클릭해요.

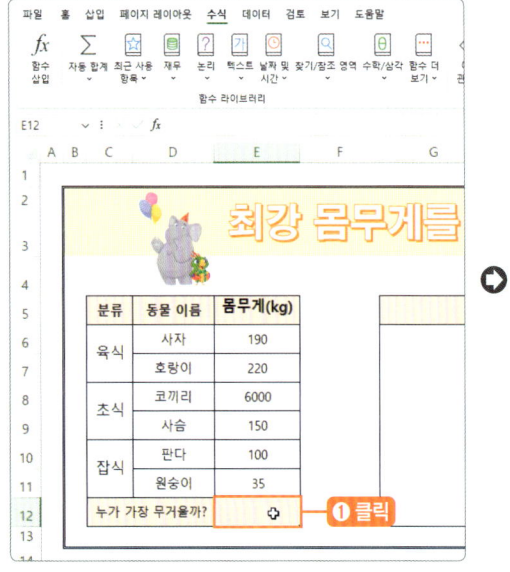 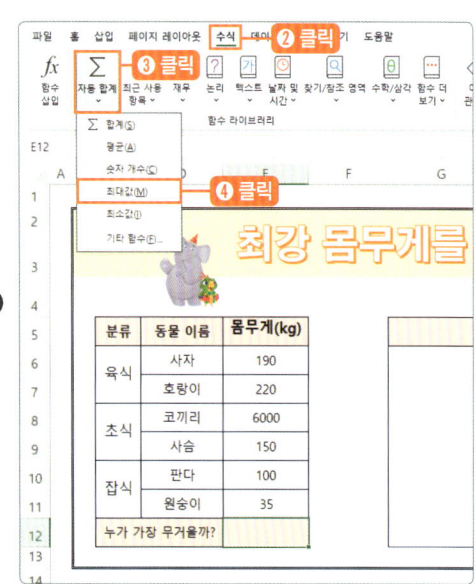

❸ [E12] 셀에 입력된 수식을 확인하고 Enter 키를 누르면 가장 숫자가 큰 몸무게를 확인할 수 있어요.

※ 수식 : =MAX(E6:E11), 결과 : 6000

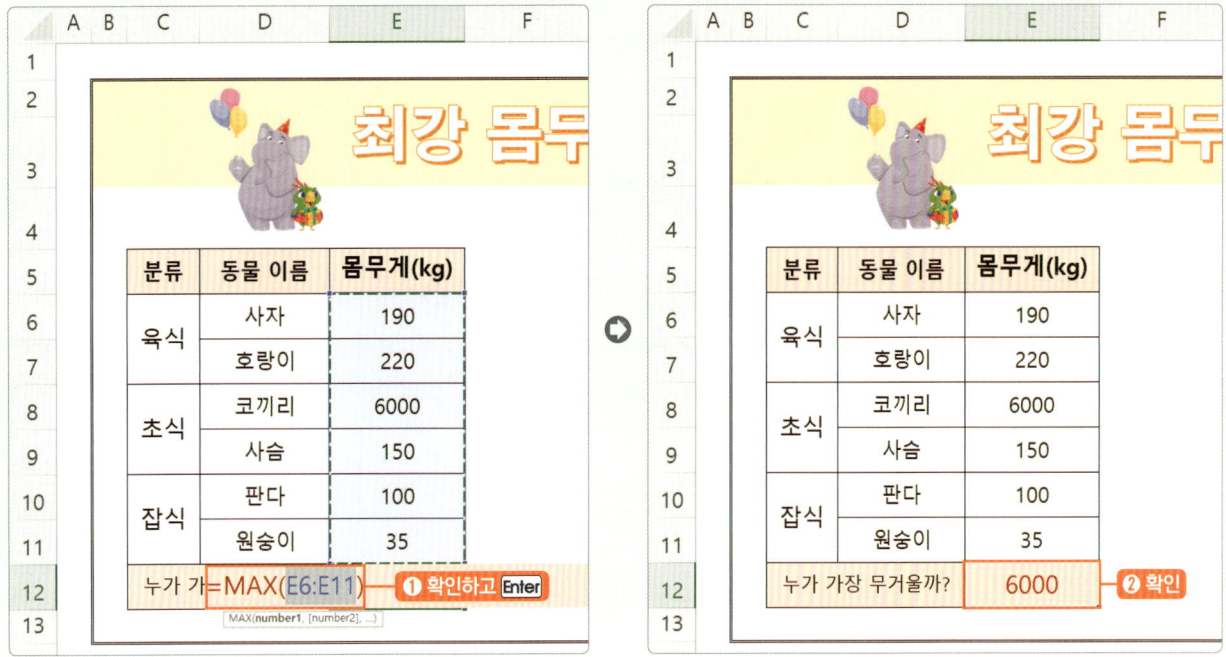

02 표시 형식으로 몸무게 단위(kg) 표시하기

❶ [E6:E12] 셀을 드래그한 후, 마우스 오른쪽 단추를 눌러서 [셀 서식]을 클릭해요.

※ 셀 서식 단축키 : Ctrl + 1

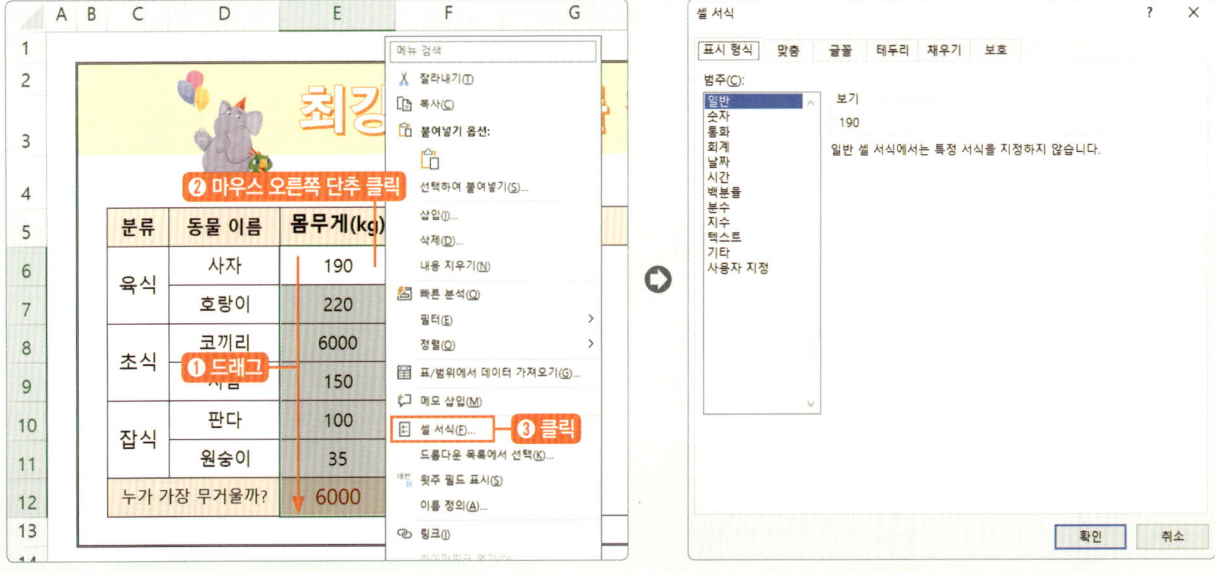

❷ [셀 서식] 대화상자에서 [표시 형식] 탭–'사용자 지정'을 클릭한 후, '#,##0"kg"'을 입력하고 <확인> 단추를 클릭해요.

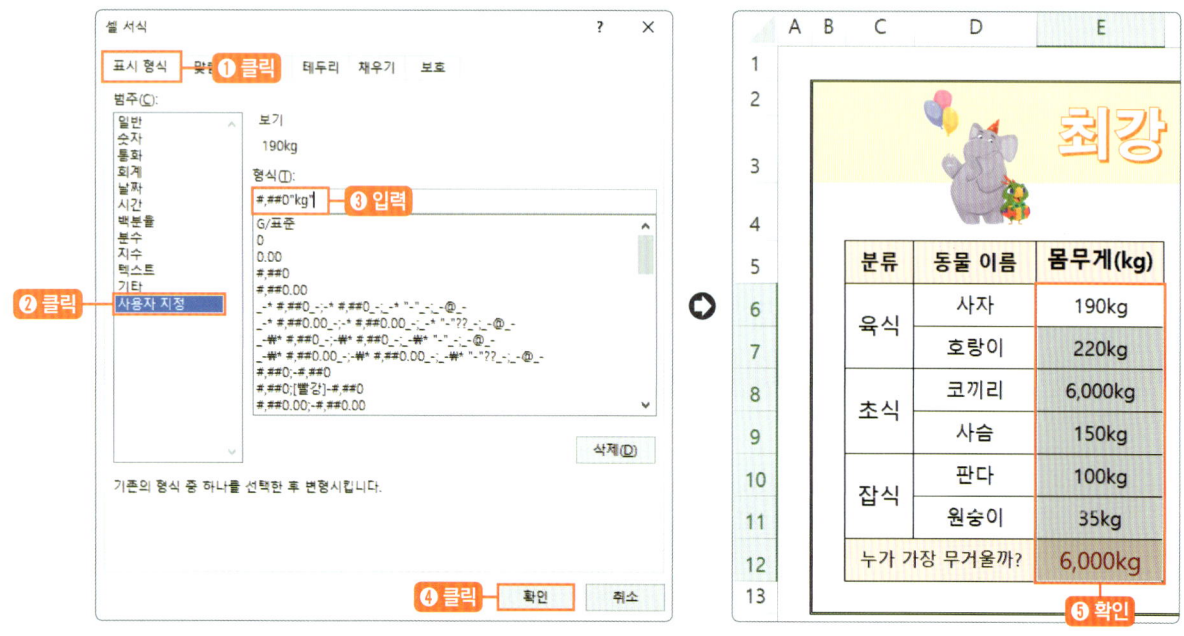

TIP
- '사용자 지정 형식' 입력 방법

  #,##0"kg"으로 입력하면 숫자를 세 자리씩 쉼표(,)가 붙고, 'kg'과 같은 글자는 큰따옴표("") 안에 넣으면 함께 표시돼요.

03 스마트아트로 동물 분류하기

❶ 스마트아트의 도형을 클릭하고, '육식', '초식', '잡식'으로 입력해요.

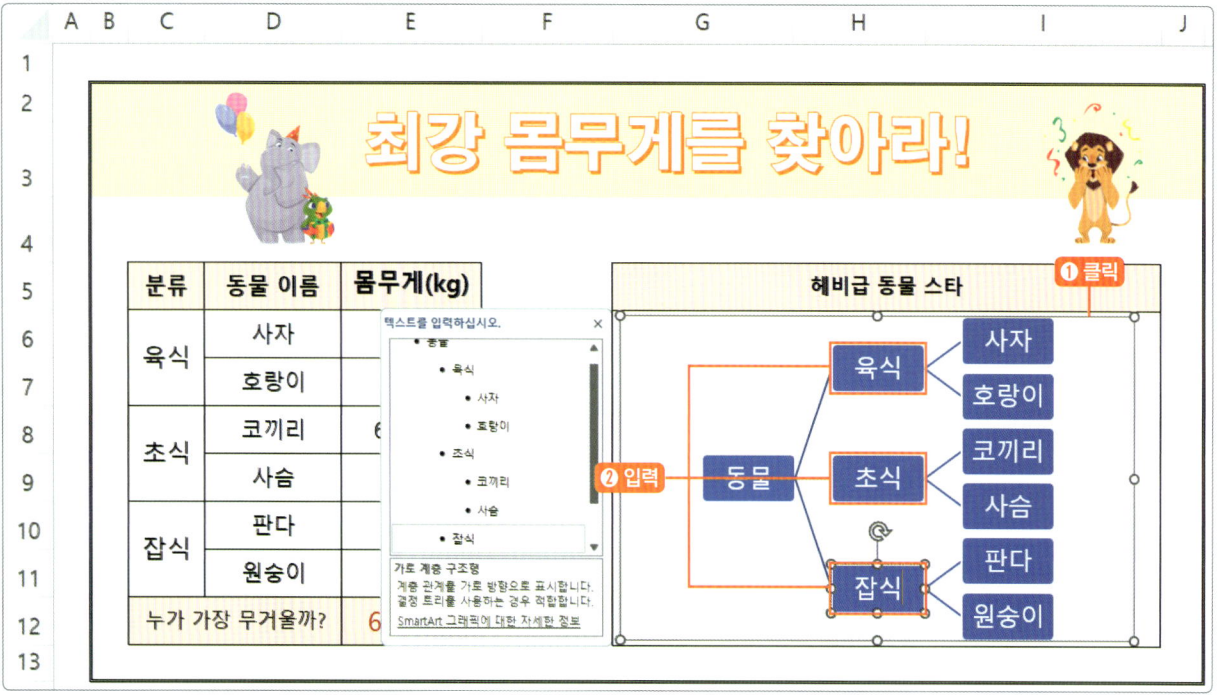

❷ [SmartArt 디자인] 탭-[SmartArt 스타일] 그룹의 [색 변경]을 클릭하고 [강조2]-'색 채우기 – 강조 2'로 설정해요.

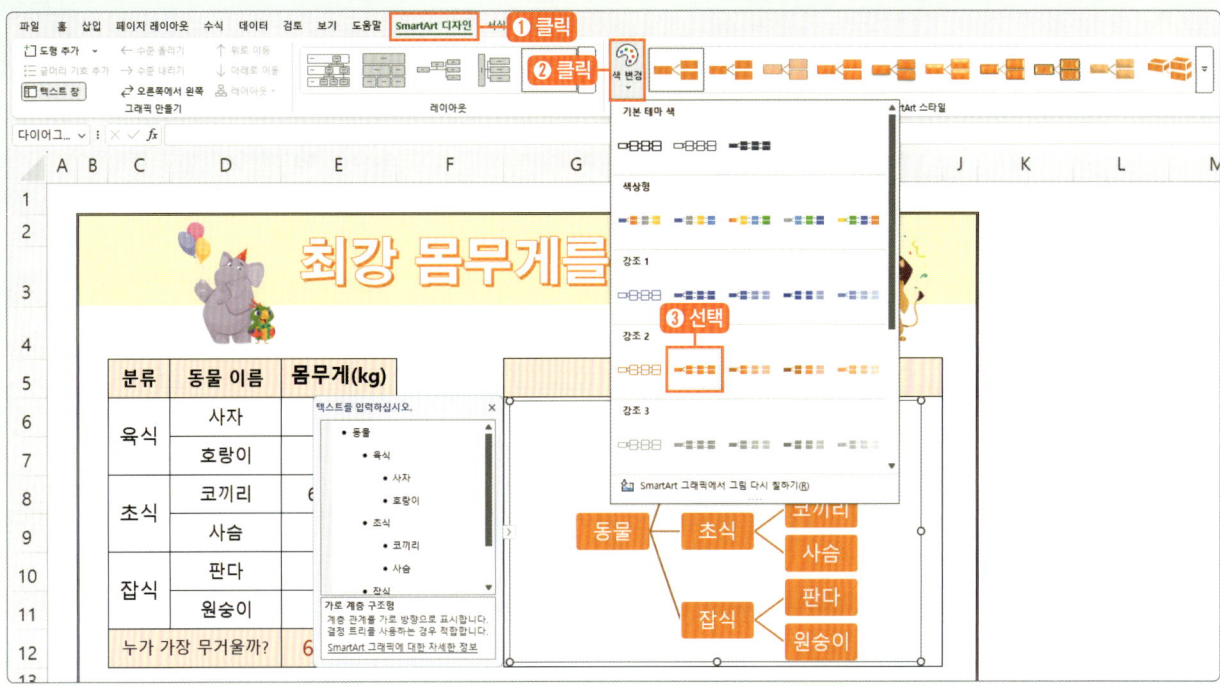

❸ [SmartArt 디자인] 탭-[SmartArt 스타일] 그룹에서 '미세 효과'를 클릭해요.

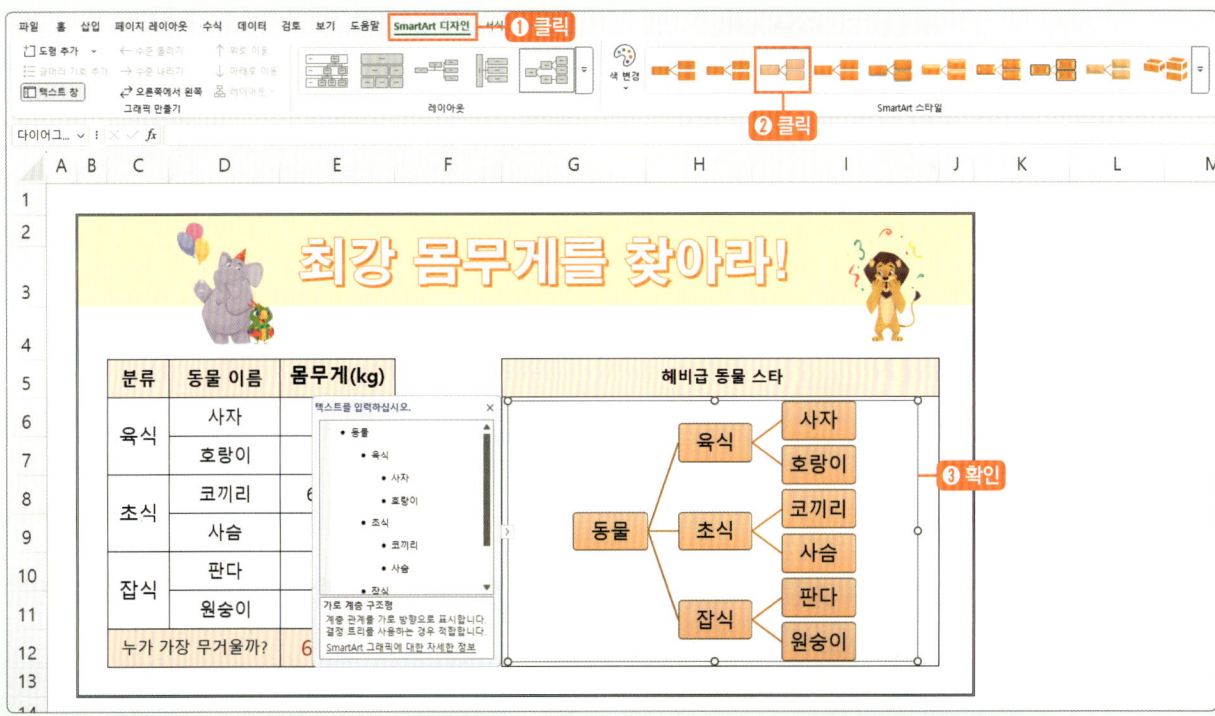

❹ 예쁜 동물 조직도가 완성되었어요! 완성된 파일은 저장할 폴더를 선택한 후, 파일 이름은 '몸무게 최고왕(완성).xlsx'으로 저장하세요.

CHAPTER 11 미션! 뚝딱뚝딱!

■ 불러올 파일 : 스피드왕.xlsx   ■ 완성된 파일 : 스피드왕(완성).xlsx

01 내 맘대로 사고력으로 문제해결능력 UP

동물 중에서 가장 빠른 달리기 챔피언은 누구일까요? 문제를 보고 정답을 맞춰보세요.

미션 1) [C13] 셀을 선택하고 가장 빠른 동물의 속도를 계산해요.

  [힌트] 자동 최대값을 사용해요.

미션 2) [C6:C13] 셀에 [셀 서식]-[사용자 지정] 형식을 '#,##0"km/h"'로 표현해요.

  (예시: 112km/h)

미션 3) 스마트아트의 동물 사진을 보고 이름을 입력해요. (치타, 사자, 호랑이)

미션 4) [SmartArt 디자인] 탭을 클릭하고 색상은 '색 채우기 – 강조 3', '미세 효과'로 설정해요.

02 학습 게임으로 타자 실력 UP

혼자하는 타자 게임 또는 친구들과 대전 게임으로 승부를 겨루어 보아요.

▲ 혼자 게임

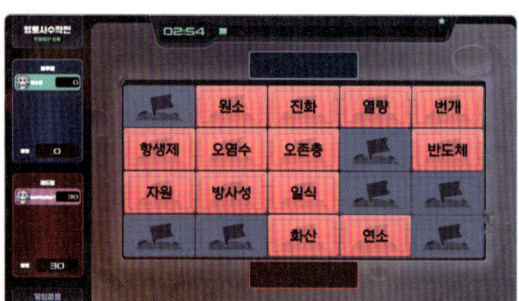
▲ 대전 게임

알아두면 좋은 생활 상식

CHAPTER 12 — 내 맘대로 해결사 되기!

■ 불러올 파일 : 식단표.xlsx   ■ 완성된 파일 : 식단표(완성).xlsx

오늘은 지난 세 개의 차시에서 배운 내용으로 하나의 작품을 만들어 볼 거예요. 아래 완성 이미지를 참고해서 스스로 해결해 보고 어려운 부분은 손을 들어주세요.

완성 작품

[작업 1] : 총 칼로리(합계) 계산하기

[작업 2] : 워드아트 및 그림 삽입하기

■ **이렇게 만들어 보아요.**(아래 지시사항과 힌트를 보면서 스스로 해결해 보아요.)

01 내 맘대로 사고력으로 문제해결능력 UP

계산하기
1. [H5] 셀을 클릭하고 [F5] 셀과 [G5] 셀을 곱해서 계산하기 (수식 : =F5*G5)
2. [H5] 셀부터 [H9] 셀까지 채우기 핸들을 사용해서 수식 복사하기
3. [H10] 셀을 클릭하고 [수식] 탭-[함수 라이브러리] 그룹에서 [자동 합계] 설정하기

워드아트 삽입하기
1. 워드아트 삽입하기 : '무늬 채우기: 파랑, 강조색 1, 50%, 진한 그림자: 파랑, 강조색 1'
2. 제목 내용 : 힘센 호랑이의 비밀 식단
3. 글꼴(HY견고딕), 크기(35) 설정하기
4. [B2:H2] 셀 위치에 배치하기

그림 삽입하기
1. [온라인 그림]-'호랑이' 그림 선택한 다음 그림 삽입하기
2. [그림 스타일]-'단순형 프레임, 흰색'으로 설정하고, 그림 회전하기
3. [H2:I2] 셀 위치에 배치하기

 # 알아두면 좋은 컴퓨터 상식

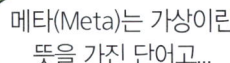  

CHAPTER 13 잠자는 뇌를 깨우는 5분 스트레칭

4분 K마블 타자연습으로 잠자는 손가락을 깨워요^^   평균 타수:

연습하고 싶은 학습 게임을 선택해서 연습해 보아요.

1분 넌센스 퀴즈로 잠자는 뇌를 깨워요^^

설명을 보고 동물 그림에 '○' 표시 해주세요.

<조건>
나는 주로 호주에서 살아요.
배에 아기 주머니가 있어요.
강한 꼬리와 뒷다리를 가지고 있어요.
내 이름은 3글자에요.

나는 앵무새야 / 나는 코알라야

나는 악어야 / 나는 캥거루야

CHAPTER 13 탐험대 지원서 만들기

특수문자를 삽입하고 표 서식과 셀 스타일 기능으로 표를 꾸미는 방법을 배워요.

■ 불러올 파일 : 탐험대 지원서.xlsx   ■ 완성된 파일 : 탐험대 지원서(완성).xlsx

01 표 서식 설정하기

❶ [Excel 2021]을 실행한 다음 [불러올 파일]-[CHAPTER 13]-'탐험대 지원서.xlsx' 파일을 열어봅니다.

❷ [B8:E13] 셀을 드래그한 다음 [홈] 탭-[표 서식]을 클릭하고 '주황, 표 스타일 보통 10'을 클릭해요.

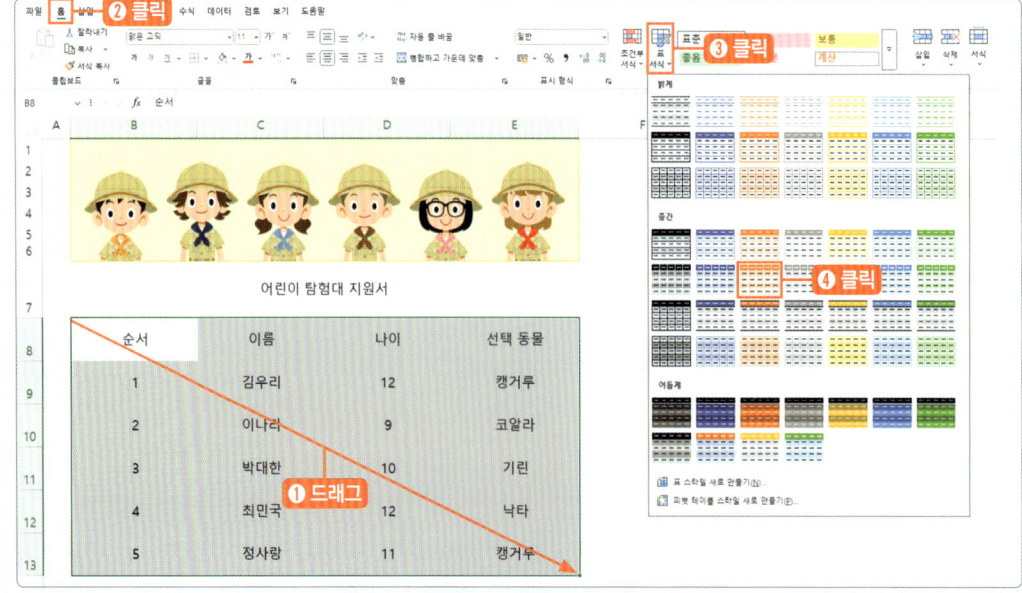

❸ [표 만들기] 대화상자에서 <확인> 단추를 클릭하고 결과를 확인해요.

❹ '선택 동물'의 필터 단추(▼)를 클릭하고 '캥거루'에 체크하면, 누가 캥거루를 골랐는지 이름을 볼 수 있어요.

※ 필터 단추는 원하는 내용만 검색할 수 있는 기능이에요.
※ (모두 선택)을 체크하면 다시 전체 목록을 볼 수 있어요.

02 특수문자 삽입하기

❶ [B7] 셀을 더블 클릭해서 '어린이' 글자 앞에 'ㅁ(미음)'을 입력하고 한자 키를 누르면 특수문자 목록이 보여요.

※ 특수문자 목록에서 Tab 키를 누르면 더 많은 기호를 볼 수 있어요.

❷ 마우스로 '♥' 기호를 선택하고 '지원서' 글자 뒤에도 '♥'를 추가해요.

※ 특수문자 목록에서 마우스 클릭 또는 방향키를 사용해서 특수문자를 선택할 수 있어요.

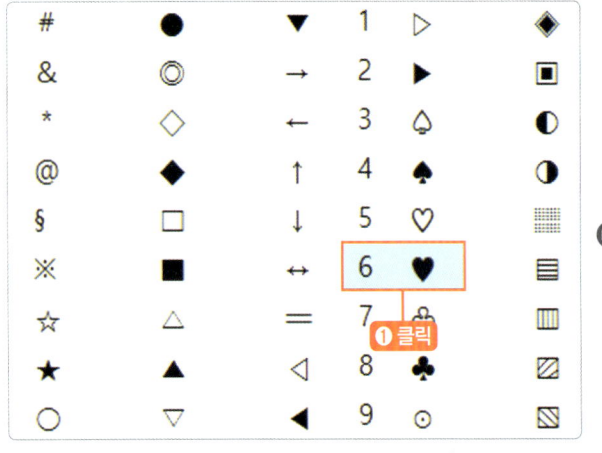 

03 셀 스타일 설정하기

❶ [B7] 셀을 클릭한 후, [홈] 탭-'셀 스타일'의 목록 단추(▼)를 눌러 '제목 1'을 클릭해요.

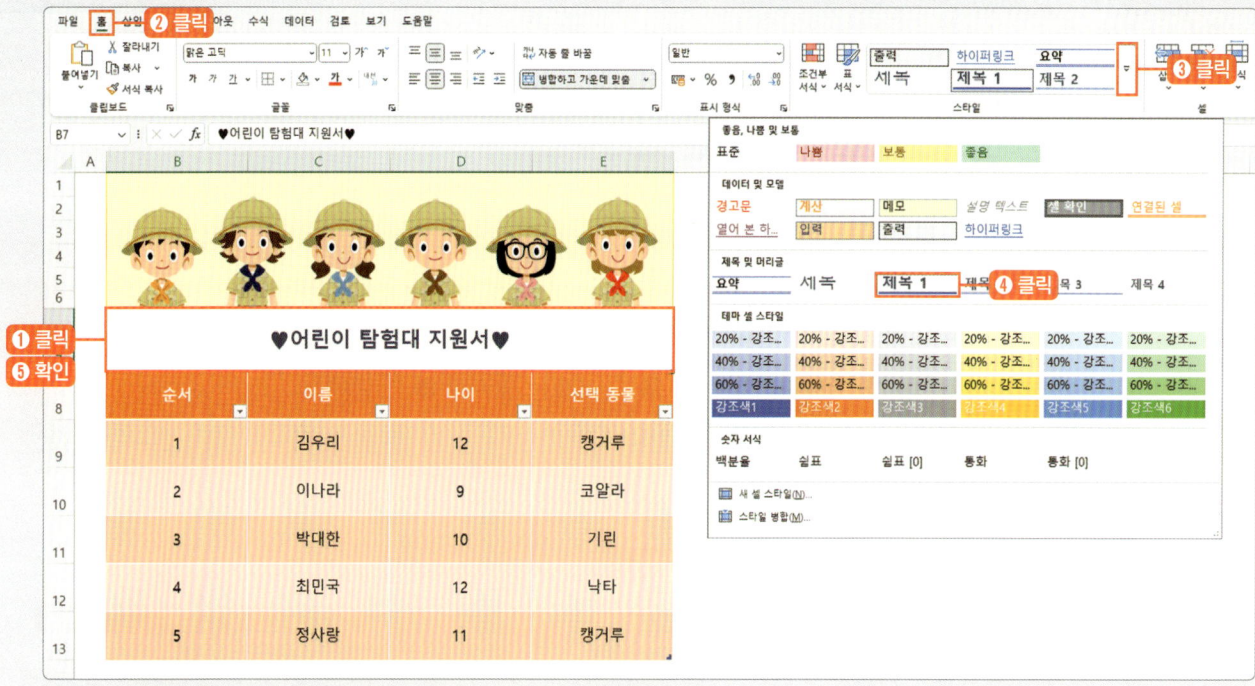

❷ 알록달록한 '어린이 탐험대 지원서'가 완성되었어요! 완성된 파일은 저장할 폴더를 선택한 후, 파일 이름은 '탐험대 지원서(완성).xlsx'로 저장해요.

CHAPTER 13 미션! 뚝딱뚝딱!

■ 불러올 파일 : 사파리 동물 관리표.xlsx   ■ 완성된 파일 : 사파리 동물 관리표(완성).xlsx

01 내 맘대로 사고력으로 문제해결능력 UP

사파리 동물 관리표를 예쁘게 꾸며주세요.

미션 1) [B4:G12] 셀에 [표 서식]-'파랑, 표 스타일 보통 6'을 적용해요.

미션 2) 사파리 동물 관리표 제목 앞/뒤에는 '★' 기호를 추가해요.

미션 3) 사파리 동물 관리표 제목에 [셀 스타일]-'제목 1'을 선택해요.

미션 4) '건강' 항목의 필터 단추를 클릭하고 건강이 '나쁨' 동물만 검색되도록 필터를 적용해요.

02 학습 게임으로 타자 실력 UP

혼자하는 타자 게임 또는 친구들과 대전 게임으로 승부를 겨루어 보아요.

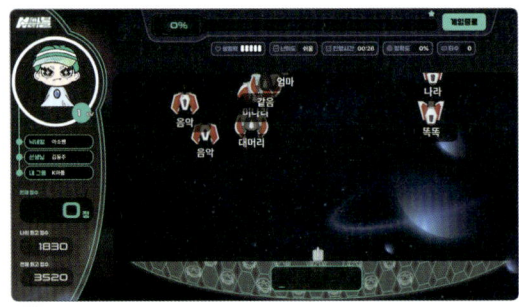
▲ 혼자 게임

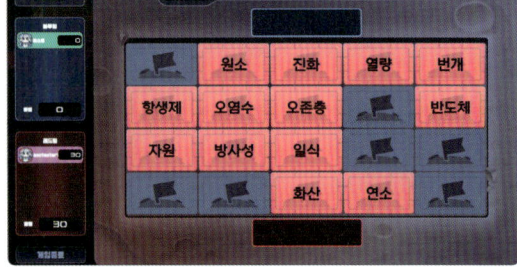
▲ 대전 게임

CHAPTER 14 잠자는 뇌를 깨우는 5분 스트레칭

4분 K마블 타자연습으로 잠자는 손가락을 깨워요^^   평균 타수 :

연습하고 싶은 학습 게임을 선택해서 연습해 보아요.

1분 넌센스 퀴즈로 잠자는 뇌를 깨워요^^

그림자 모양에 맞는 코끼리를 찾아 '○' 표시 해주세요.

CHAPTER 14 탐험대 일정표 만들기

- 데이터 정렬 기능과 자동필터 기능을 배워요.
- 불러올 파일 : 탐험대 일정표.xlsx
- 완성된 파일 : 탐험대 일정표(완성).xlsx

자동필터 기능으로 '김대한' 사육사의 동물 활동을 알아보자

날짜를 내림차순으로 정렬해보자

01 자동필터 기능 설정하기

❶ [Excel 2021]을 실행한 다음 [불러올 파일]-[CHAPTER 14]-'탐험대 일정표.xlsx' 파일을 열어봅니다.

❷ [B2:F2] 셀을 드래그하고 [데이터] 탭-'필터'를 클릭해요.

※ 목록 단추(▼)를 클릭하면 데이터 정렬과 필터 기능 모두 사용할 수 있어요.

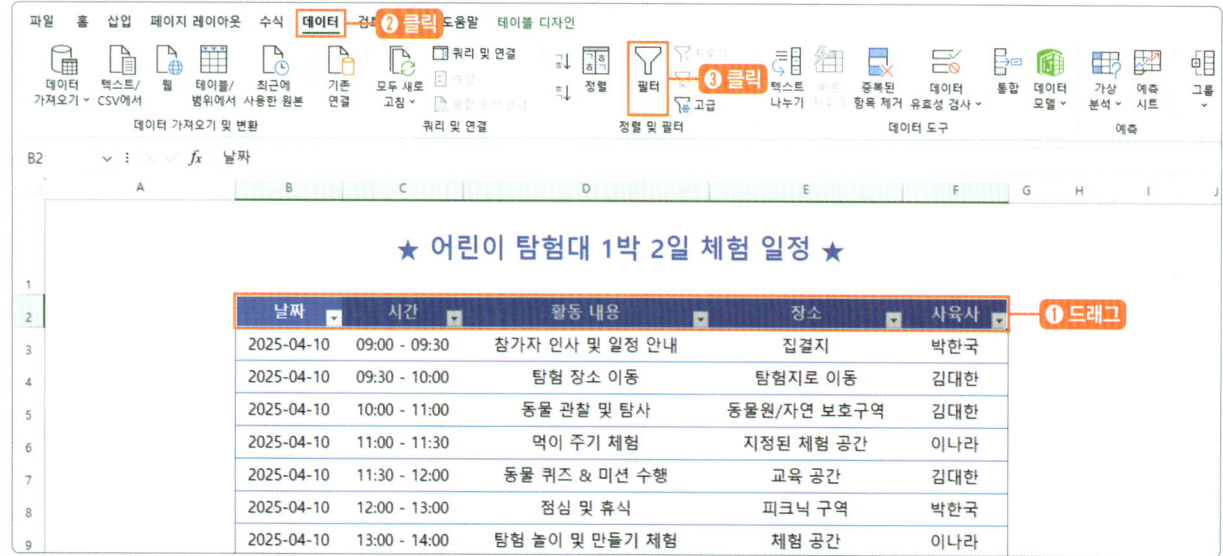

❸ [F2] 셀의 필터 단추(▼)를 클릭하고 '모두 선택'을 클릭해요.

※ '모두 선택'을 체크하면 전체 선택된 항목이 해제돼요.

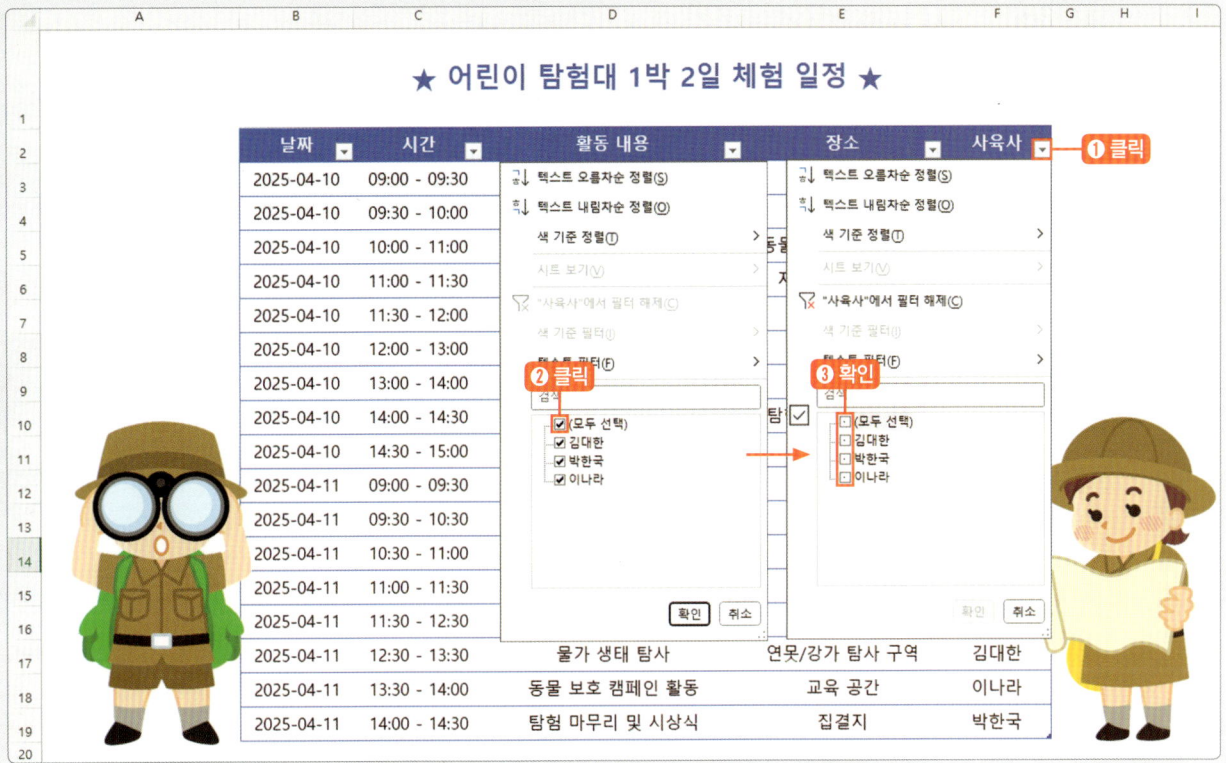

❹ '김대한' 항목에 체크하고 <확인> 단추를 클릭하면 '김대한' 사육사에 대해서만 데이터를 볼 수 있어요.

※ (모두 선택)을 체크하면 다시 전체 목록을 볼 수 있어요.

02 데이터 정렬하기

① [B2] 셀의 필터 단추(▼)를 클릭하고 '날짜/시간 내림차순 정렬'을 클릭해요.

② 김대한 사육사의 일정을 내림차순으로 정렬했어요!

※ 날짜를 내림차순으로 정렬하면 가장 최근 날짜부터 오래된 날짜 순서대로 정렬돼요.

03 필요한 데이터만 표시하기

❶ [D2] 셀의 필터 단추(▼)를 클릭하고 [텍스트 필터]-'포함'을 클릭해요. 이어서, 찾을 조건에 '동물'이라고 입력하고 <확인> 단추를 클릭해요.

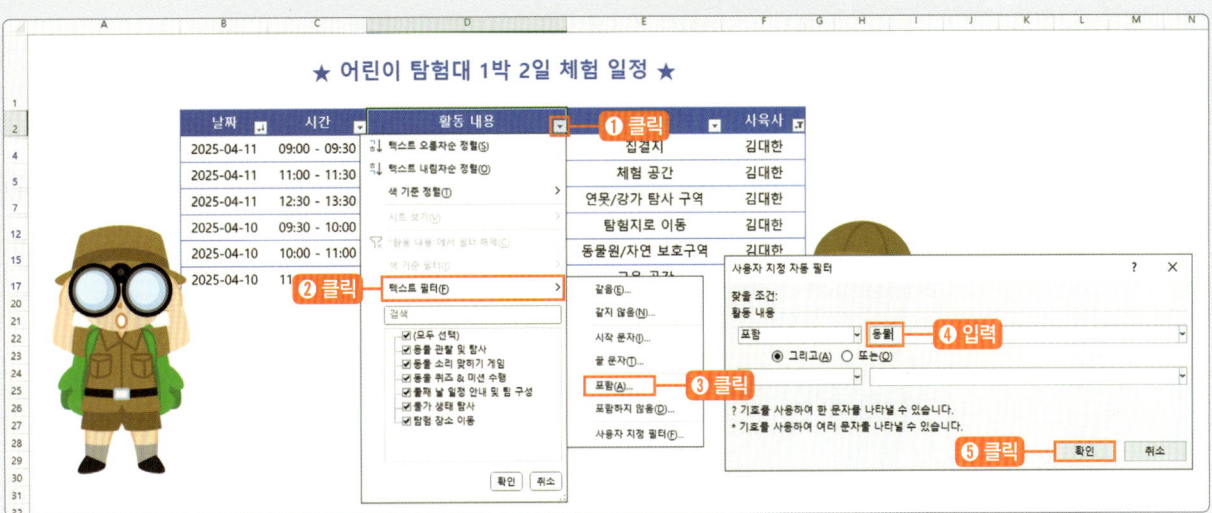

❷ 활동 내용 중에서 '동물' 단어가 포함된 내용만 필터링 되었어요!

※ 지금까지 적용한 정렬과 필터 기능을 제거하고 싶다면 [데이터] 탭에서 [필터]-'지우기'를 클릭해요.

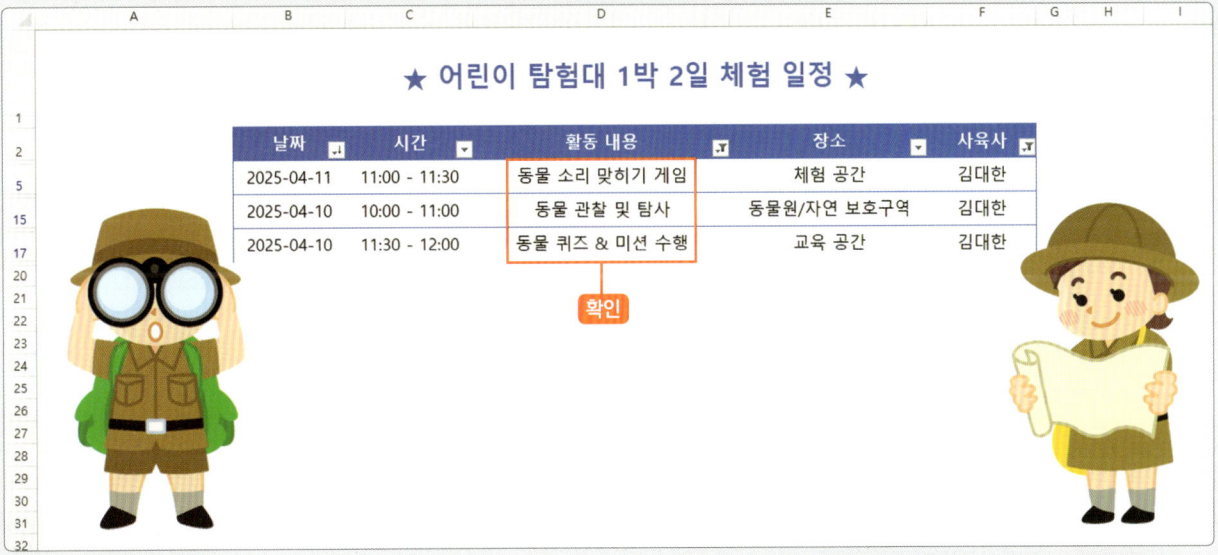

❸ 김대한 사육사의 1박 2일 동안의 일정을 확인해요! 완성된 파일은 저장할 폴더를 선택한 후, 파일 이름은 '탐험대 일정표(완성).xlsx'로 저장해요.

CHAPTER 14 · 미션! 뚝딱뚝딱!

📁 불러올 파일 : 동물 기록표.xlsx   📁 완성된 파일 : 동물 기록표(완성).xlsx

01 내 맘대로 사고력으로 문제해결능력 UP

자동필터 기능을 이용하여 포유류만 표시하고 태어난 날짜를 최근에 태어난 날짜가 먼저 표시되도록 정렬과 필터를 설정해 주세요.

미션 1) [B3:F3] 셀을 선택하고 [데이터] 탭에서 '필터'를 클릭해요.

미션 2) '분류'의 필터 단추(▼)를 클릭하고 '포유류'만 검색되도록 설정해요.

미션 3) '태어난 날짜'의 필터 단추(▼)를 클릭하고 '내림차순 정렬'을 클릭해요.

순번	태어난 날짜	동물 이름	분류	특징
1	2025-03-27	사자	포유류	강한 사냥꾼, "정글의 왕"
3	2024-05-29	기린	포유류	긴 목을 가진 동물
8	2023-12-03	고래	포유류	바다에서 살며, 매우 큰 동물
5	2023-03-31	호랑이	포유류	강한 육식동물, 줄무늬가 특징
2	2020-01-28	코끼리	포유류	큰 귀와 긴 코를 가진 동물

❶ 필터 적용
❷ '포유류' 체크
❸ 날짜 내림차순 정렬

02 학습 게임으로 타자 실력 UP

혼자하는 타자 게임 또는 친구들과 대전 게임으로 승부를 겨루어 보아요.

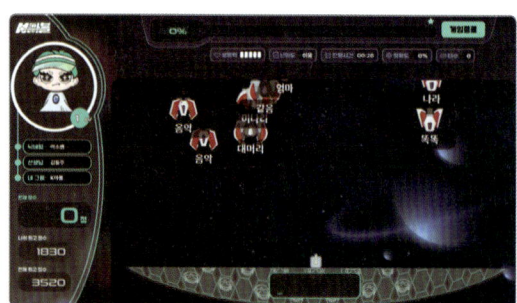
▲ 혼자 게임

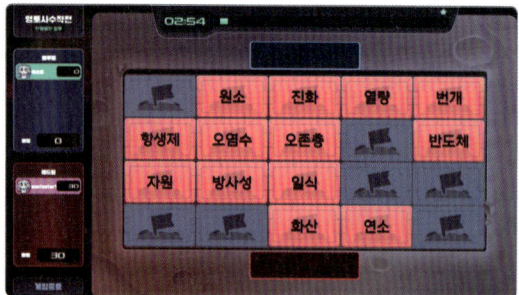
▲ 대전 게임

CHAPTER 15 잠자는 뇌를 깨우는 5분 스트레칭

4분 K마블 타자연습으로 잠자는 손가락을 깨워요^^   평균 타수 :

연습하고 싶은 학습 게임을 선택해서 연습해 보아요.

1분 넌센스 퀴즈로 잠자는 뇌를 깨워요^^

다음 중 관련된 동물끼리 선으로 이어보세요.

CHAPTER 15 탐험일지 만들기

이런걸 배워요! ● 데이터 줄바꿈 기능을 사용해서 결재란을 완성해요.

📂 불러올 파일 : 기린탐험일지.xlsx   📂 완성된 파일 : 기린탐험일지(완성).xlsx

한 칸(셀)에 두 줄로 어떻게 입력할까?

줄바꿈 기능을 사용하면 돼!

01 결재란 만들기

❶ [Excel 2021]을 실행한 다음 [불러올 파일]-[CHAPTER 15]-'기린탐험일지.xlsx' 파일을 열어봅니다.

[탐험일지 보고서] 시트

[기린] 시트

❷ '탐험일지 보고서' 시트의 [Q3:T4] 셀을 드래그하고 [홈]-[테두리]-'모든 테두리'를 적용해요. 이어서, [Q3:Q4] 셀을 드래그하고 [홈]-'병합하고 가운데 맞춤'을 클릭해요.

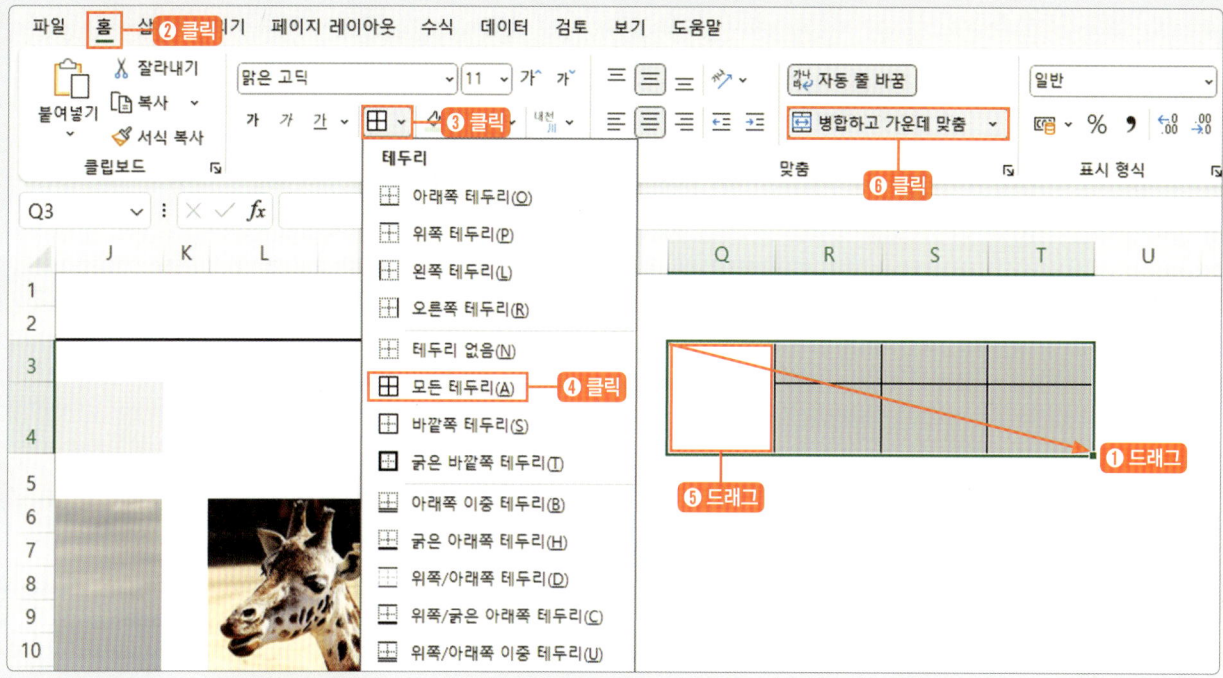

❸ [Q3] 셀을 클릭하고 '결'을 입력한 다음 Alt+Enter 키를 눌러요. 이어서, '재'를 입력하고 Enter 키를 눌러요.

※ Alt+Enter 키를 누르면 셀 안에서 줄 바꿈 되어 두 줄로 입력할 수 있어요.

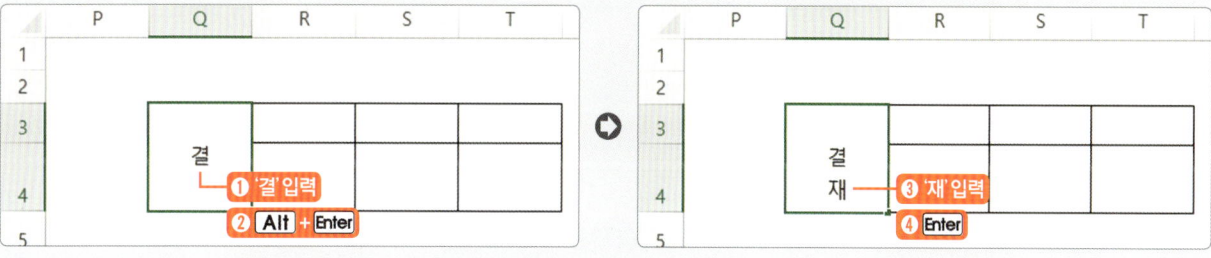

❹ [R3:T3] 셀에 순서대로 '작성', '검토', '승인'으로 입력하고 가운데 정렬을 적용해요.

※ Tab 키 또는 방향키를 사용해서 오른쪽 셀로 이동할 수 있어요.

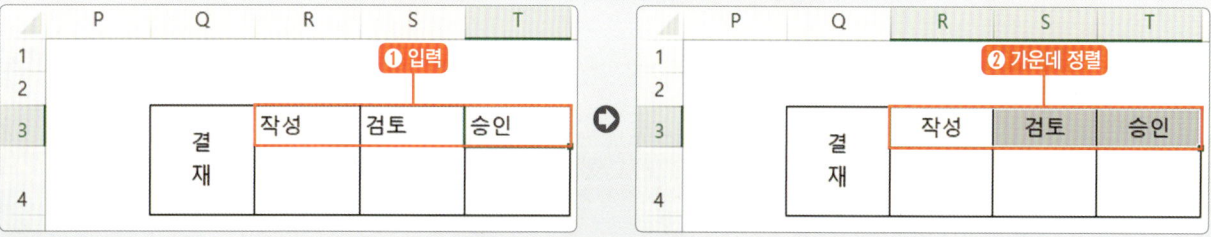

02 결재란 그림으로 붙여넣기

❶ [Q] 열을 마우스 오른쪽 단추로 클릭해서 [열너비]-'5'로 설정한 다음 [Q3:T4] 셀을 드래그해요.

❷ [홈]-[복사]-'그림으로 복사'를 클릭한 다음 <확인> 단추를 클릭해요. 이어서, [L3] 셀에서 마우스 오른쪽 단추로 클릭해서 '붙여넣기'를 클릭해요.

❸ [L3:N5] 셀 안에 결재란이 배치되도록 크기와 위치를 조절해요.

03 원본 결재란 삭제하기

❶ [Q] 열부터 [T] 열까지 열 머리글을 드래그하고 마우스 오른쪽 단추를 눌러서 '삭제'를 클릭해요.
  ※ 열 머리글을 선택하고 삭제를 하면 열 너비도 기본값으로 설정돼요.

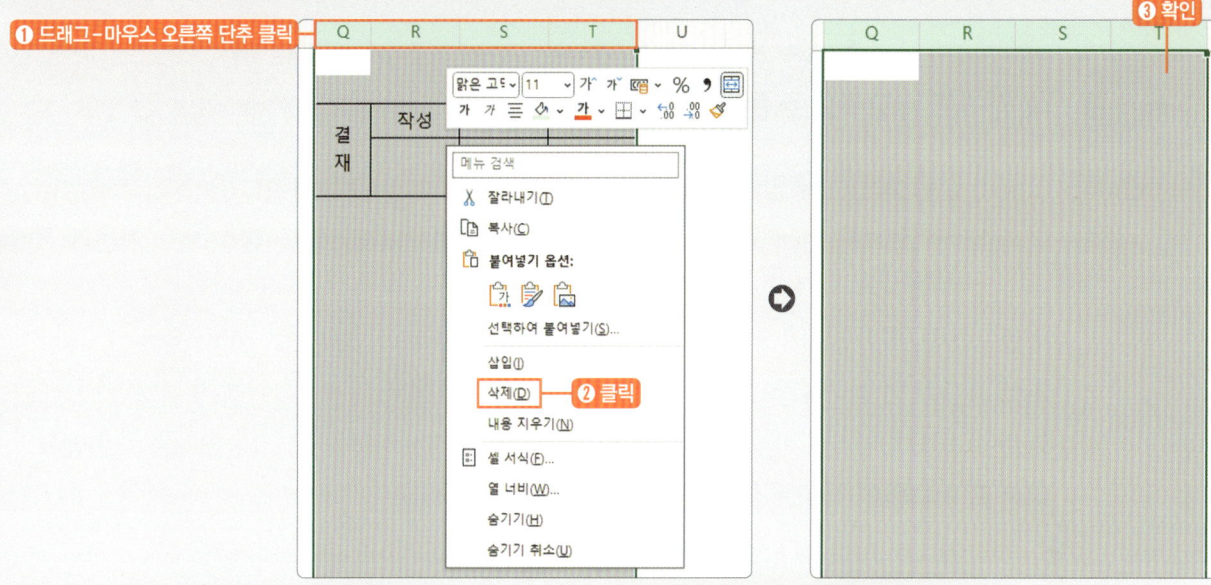

❷ 기린 탐험 일지 보고서 표지가 완성되었어요! 완성된 파일은 저장할 폴더를 선택한 후, 파일 이름은 '기린 탐험일지(완성).xlsx'로 저장해요.

CHAPTER 15 · 미션! 뚝딱뚝딱!

■ 불러올 파일 : 표범탐험일지.xlsx   ■ 완성된 파일 : 표범탐험일지(완성).xlsx

01 내 맘대로 사고력으로 문제해결능력 UP

그림과 같이 확인란을 만들어보아요.

미션 1) [B17:D18] 셀에 모든 테두리를 적용하고 [B17:B18] 셀을 병합하고 가운데 맞춤 적용해요.

미션 2) [B17:D17] 셀에 '확인', '날짜', '작성자'를 입력해요. (줄바꿈 : Alt + Enter)

미션 3) [17] 행 높이-'25', [18] 행 높이-'40'으로 설정해요.

미션 4) [B17:D18]을 그림으로 복사하여 [F] 열에 붙여넣기하고 크기와 위치를 조절해요.

미션 5) 확인란이 작성된 [17:18] 행을 선택하고 삭제해요.

02 학습 게임으로 타자 실력 UP

혼자하는 타자 게임 또는 친구들과 대전 게임으로 승부를 겨루어 보아요.

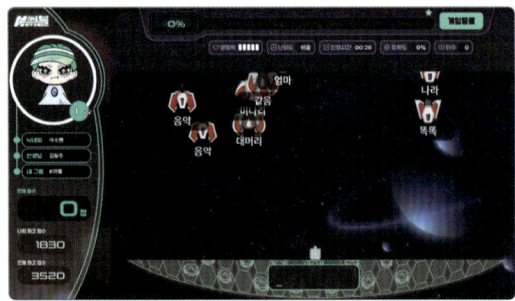
▲ 혼자 게임

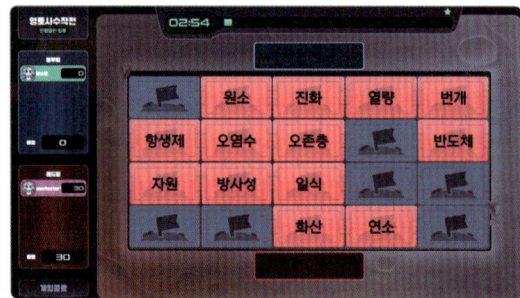
▲ 대전 게임

CHAPTER 16 - 내 맘대로 해결사 되기!

지난 세 개의 차시에서 배운 내용으로 스스로 해결해 볼까?

■ 불러올 파일 : 돌고래 소개하기.xlsx   ■ 완성된 파일 : 돌고래 소개하기(완성).xlsx

 오늘은 지난 세 개의 차시에서 배운 내용으로 하나의 작품을 만들어 볼 거예요. 아래 완성 이미지를 참고해서 스스로 해결해 보고 어려운 부분은 손을 들어주세요.

[작업 1] : 특수문자 삽입 및 그림으로 붙여넣기

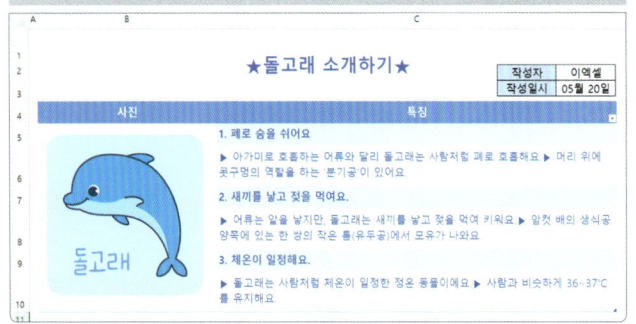

[작업 2] : 데이터 줄 바꿈 하기

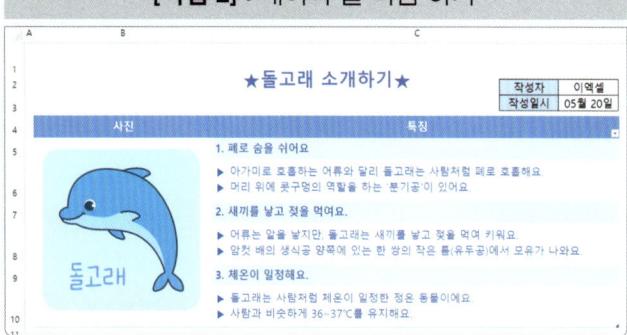

■ **이렇게 만들어 보아요.**(아래 지시사항과 힌트를 보면서 스스로 해결해 보아요.)

01 내 맘대로 사고력으로 문제해결능력 UP

특수문자 삽입하기
① [B1] 셀을 클릭하고 글자 앞/뒤에 'ㅁ(미음)'을 입력하고 [한자] 키를 눌러 '★' 기호를 입력해요.

셀 꾸미기
① '작성자' 시트의 [B1:C2] 셀 영역을 선택한 후, [홈] 탭-[복사]-'그림으로 복사'를 클릭해요.
② '돌고래' 시트의 [C2] 셀에서 마우스 오른쪽 단추를 눌러 '붙여넣기'를 클릭해요.
③ 위치를 그림과 같이 옮겨보아요.

줄 바꿈 설정하기
① [C6] 셀에서 '▶' 글자 뒤에서 [Alt] + [Esc] 키를 눌러서 줄 바꿈 해요.
② [C8], [C10] 셀에도 같은 방법으로 '▶' 글자 뒤에서 줄 바꿈 해요.

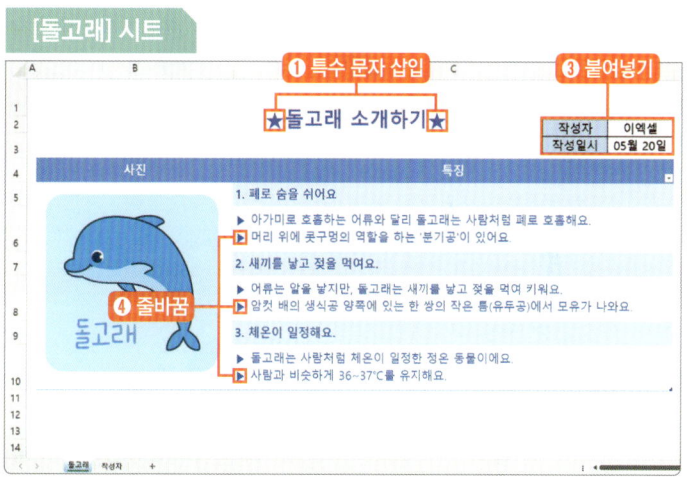

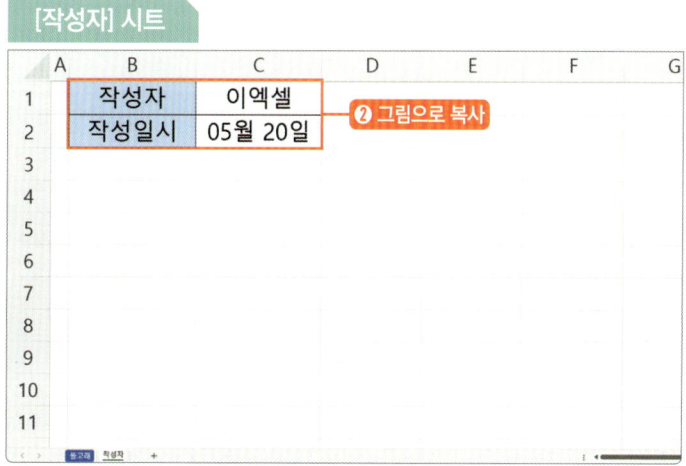

休 알아두면 좋은 컴퓨터 상식

CHAPTER 17 잠자는 뇌를 깨우는 5분 스트레칭

4분 K마블 타자연습으로 잠자는 손가락을 깨워요^^   평균 타수 :

연습하고 싶은 학습 게임을 선택해서 연습해 보아요.

1분 넌센스 퀴즈로 잠자는 뇌를 깨워요^^

숫자를 확인하고 작은 숫자부터 큰 숫자 순서대로 선으로 연결하면 코뿔소가 완성돼요~

CHAPTER 17 달리기 왕은 누구일까?

이런걸 배워요!
- 묶은 세로 막대형 차트를 추가하고 차트를 예쁘게 꾸밀 수 있어요.

📁 불러올 파일 : 달리기 왕.xlsx   📁 완성된 파일 : 달리기 왕(완성).xlsx

01 세로 막대 차트 만들기

❶ [Excel 2021]을 실행한 다음 [불러올 파일]-[CHAPTER 17]-'달리기 왕.xlsx' 파일을 열어봅니다.

❷ [C2:D12] 셀을 드래그하고 [삽입]-[세로 막대( )]-'묶은 세로 막대형'을 클릭해요.

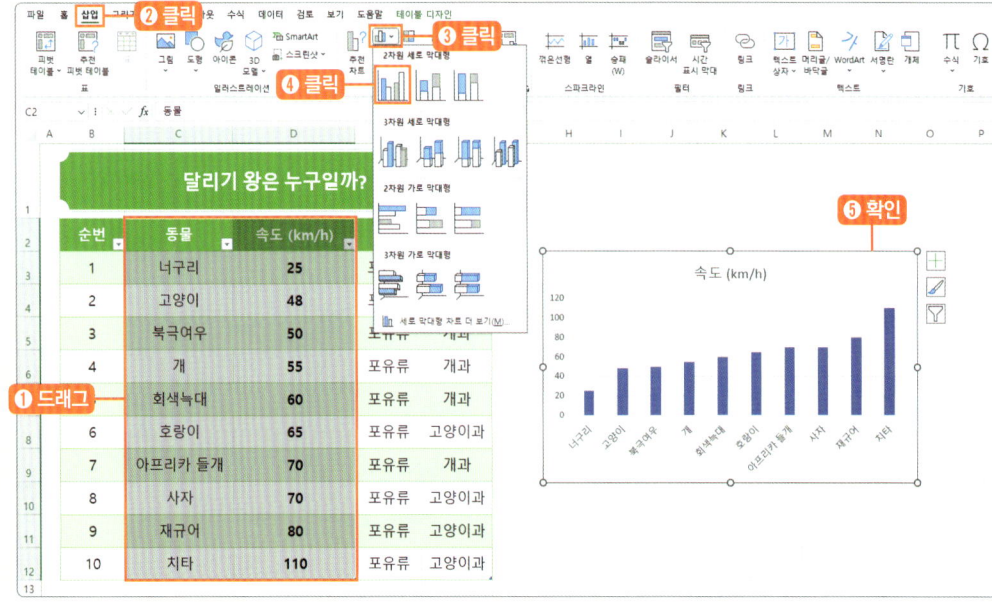

02 차트 이동 및 크기 조절하기

❶ 차트를 클릭하고 Alt 키를 누르면서 드래그하여 차트가 [H2] 셀에서 [P12] 셀까지 정확히 맞춰지도록 크기와 위치를 조절해요.

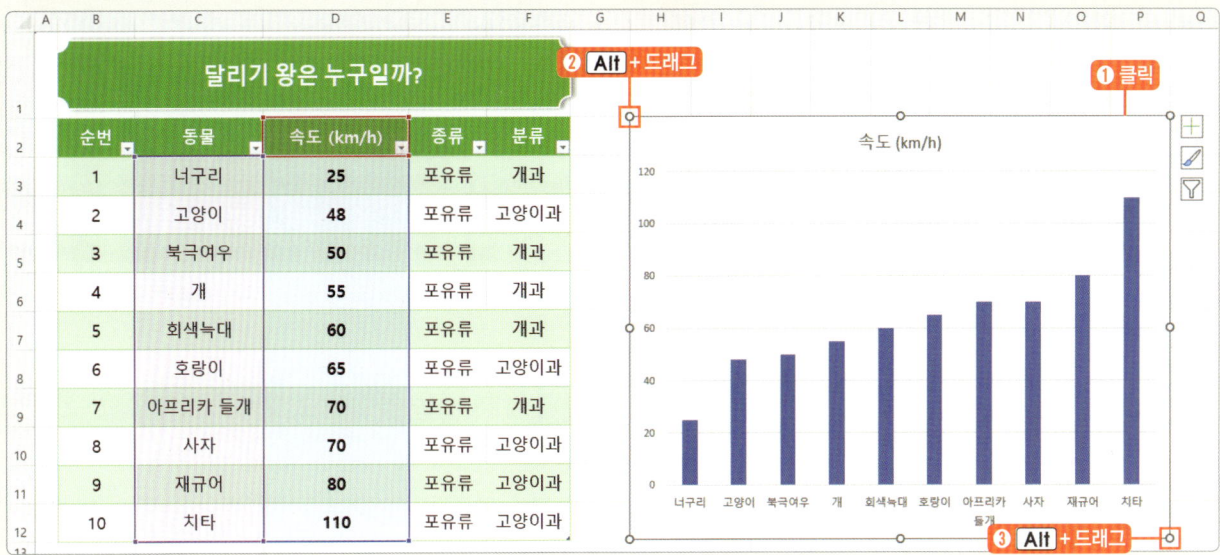

03 차트 꾸미기

❶ 차트를 클릭하고 [차트 디자인] 탭-[차트 스타일]에서 '스타일 4'를 클릭해요. 이어서, [색 변경]을 클릭하고 [색상형]-'다양한 색상표 3'을 클릭해요.

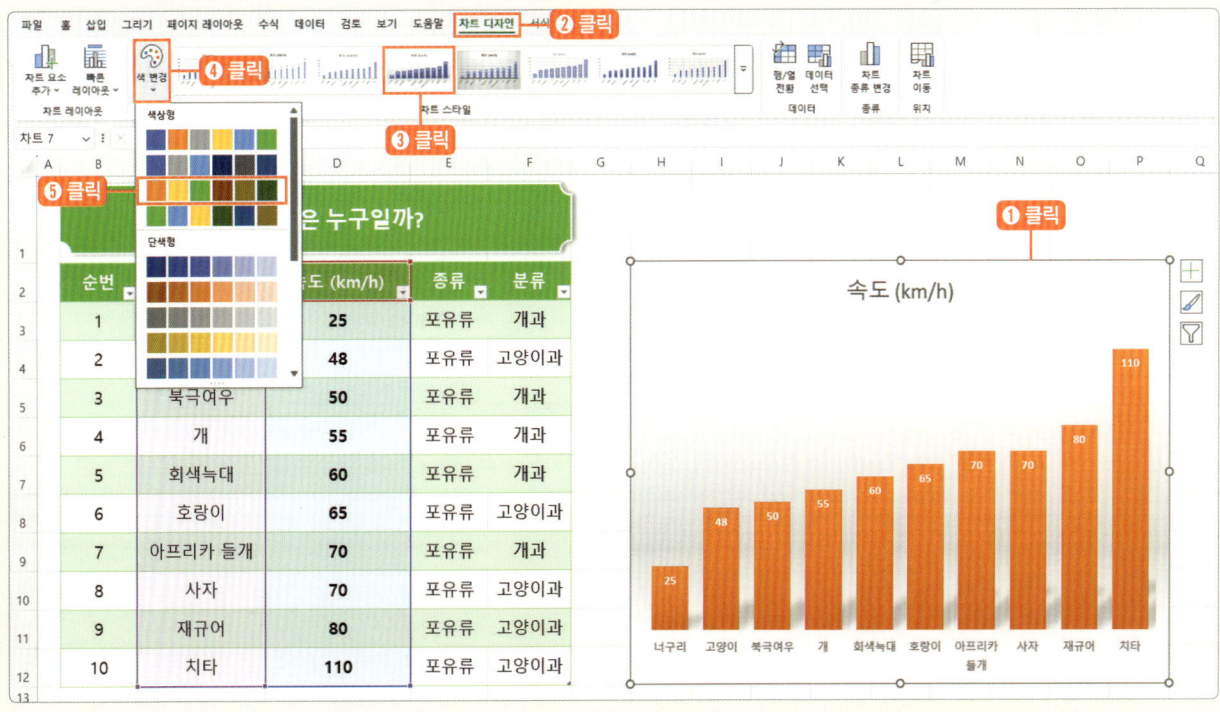

❷ [차트 제목]을 마우스 오른쪽 단추로 클릭하고 [삭제]를 클릭해요.

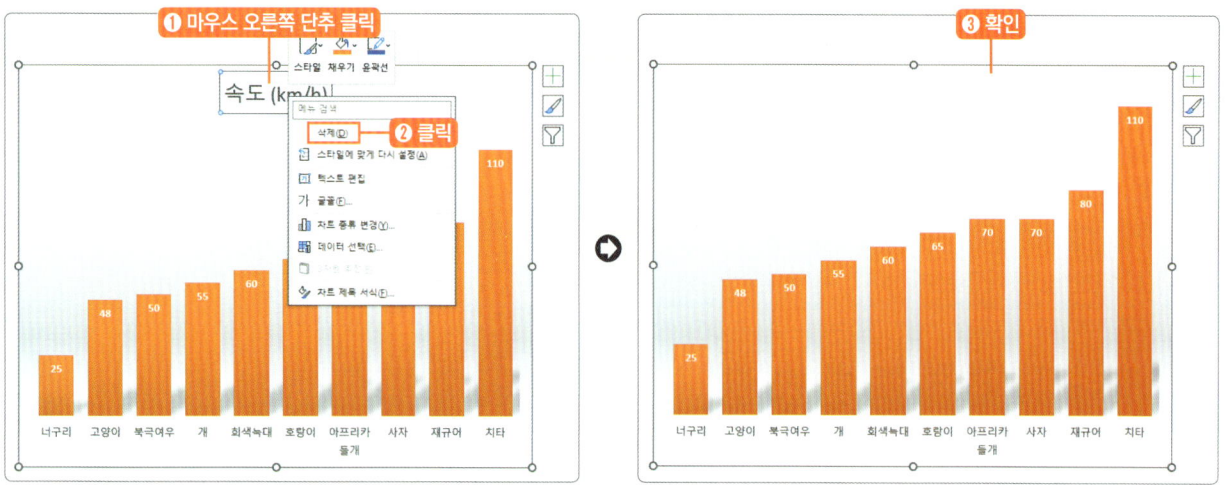

❸ [차트 영역]을 마우스 오른쪽 단추로 클릭하고 [차트 영역 서식]을 클릭해요. 이어서, [채우기]-'그림 또는 질감 채우기'에 체크하고 [그림 원본]-'삽입'을 클릭해요.

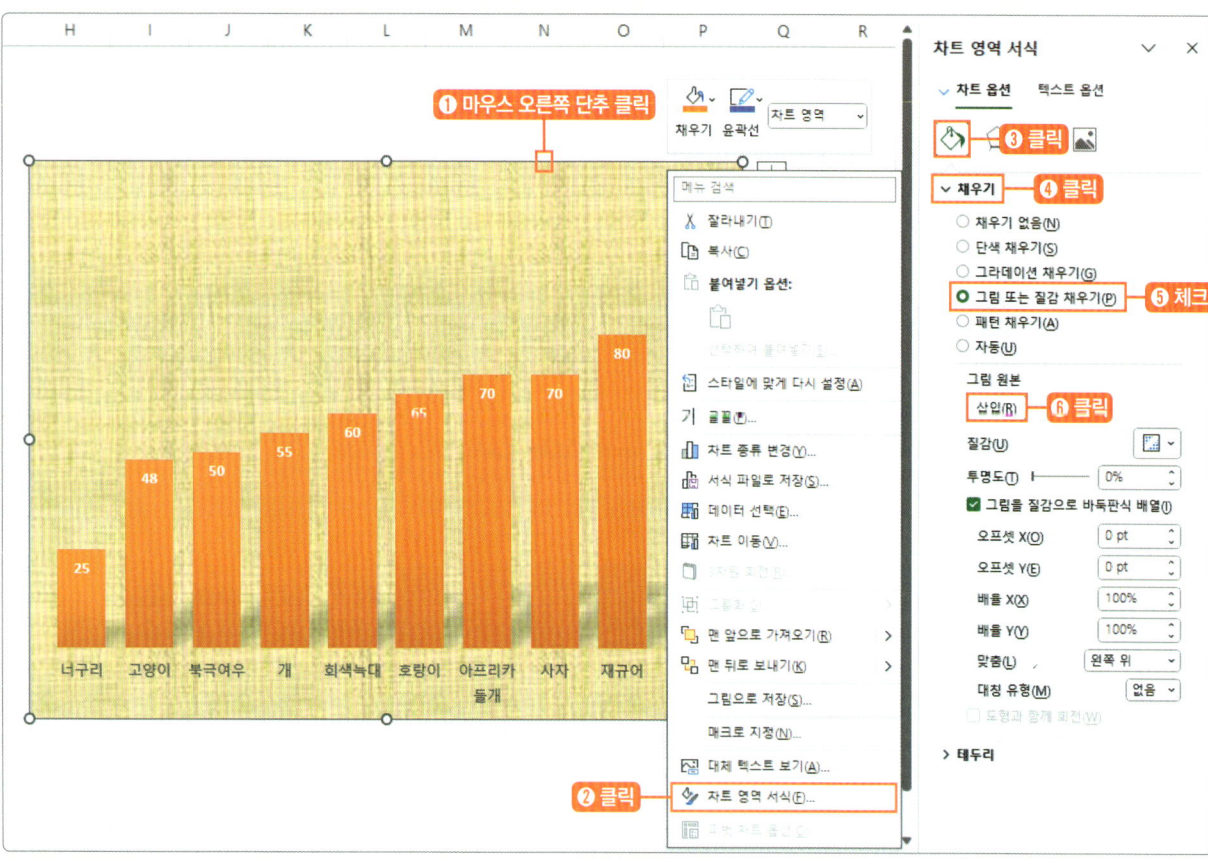

④ [그림 삽입]-'파일에서'를 클릭하고 [불러올 파일]-[CHAPTER 17]-'달리기 배경.jpg'를 선택하고 [삽입] 단추를 클릭해요.

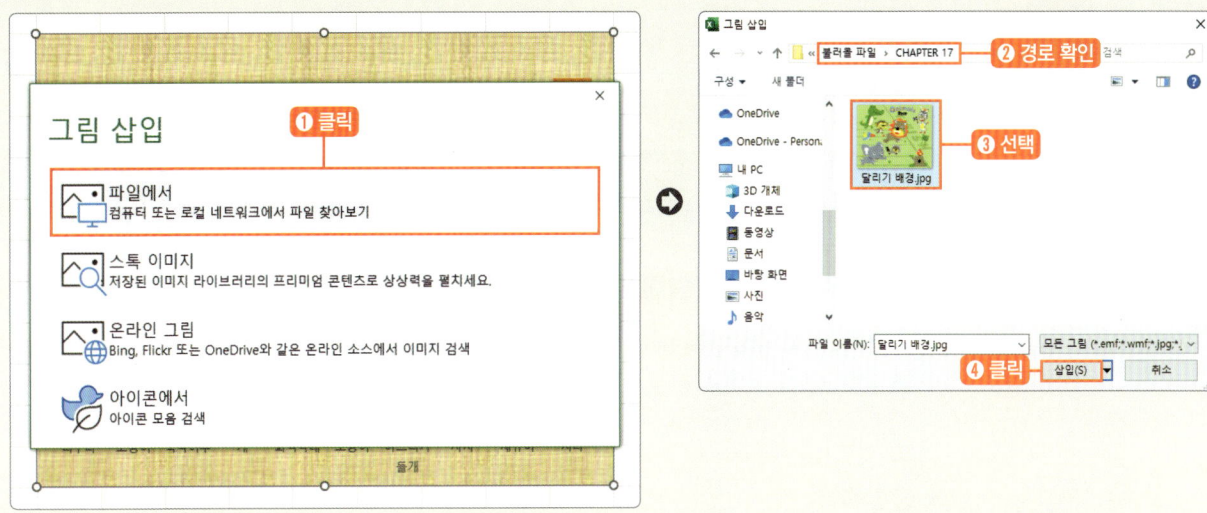

⑤ [그림 영역]을 클릭하고 [그림 영역 서식]에서 [채우기]-'단색 채우기'에 체크해요. 이어서, [색]-'흰색, 배경 1'로 설정하고, [투명도]-'30%'로 설정해요.

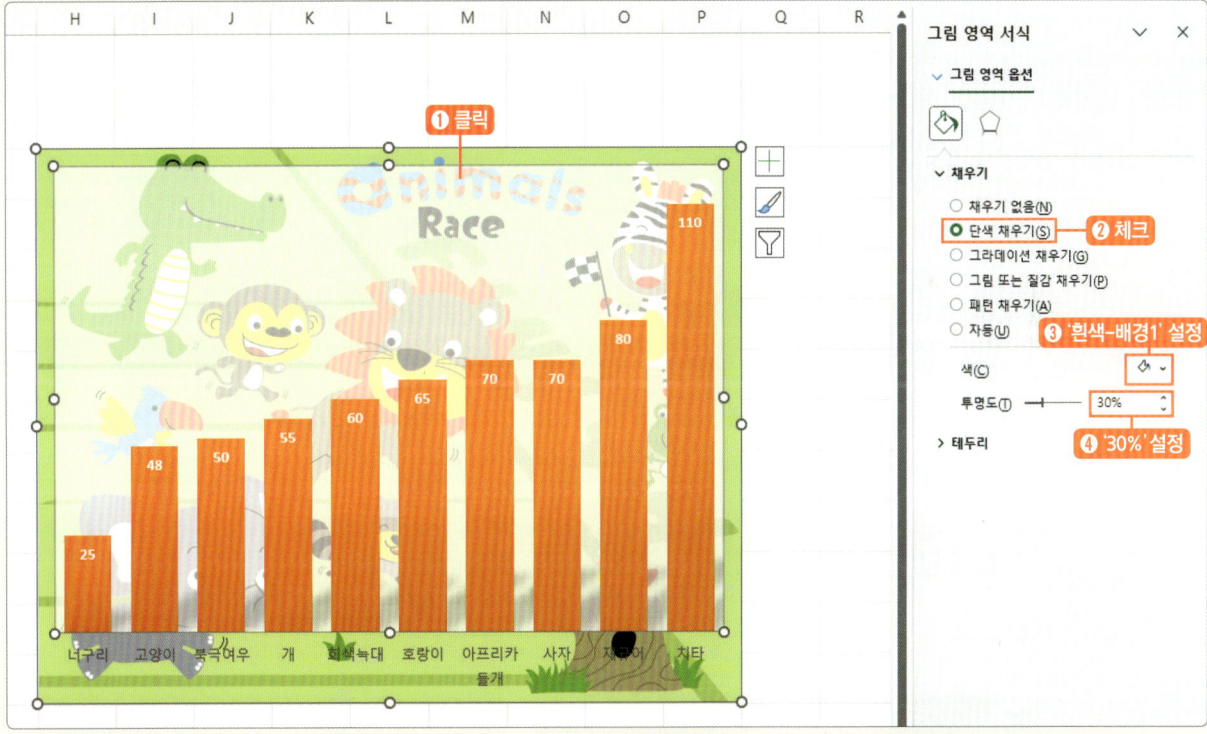

⑥ 달리기 왕 차트가 완성되었어요! 가장 빠른 동물은 누구일까요~? 완성된 파일은 저장할 폴더를 선택한 후, 파일 이름은 '달리기 왕(완성).xlsx'로 저장해요.

CHAPTER 17 ▶ 미션! 뚝딱뚝딱!

📁 불러올 파일 : 동물의 몸집.xlsx   📁 완성된 파일 : 동물의 몸집(완성).xlsx

01 내 맘대로 사고력으로 문제해결능력 UP

데이터를 이용하여 묶은 세로 막대형 차트를 만들고 꾸며보아요.

미션 1) 동물 이름과, 몸길이(m) 데이터를 이용하여 차트를 추가하고 [F2:J7] 셀에 배치해요.

미션 2) [차트 스타일]-'스타일 5'로 설정하고, [색 변경]-'다양한 색상표 4'로 설정해요.

미션 3) [차트 제목]을 삭제하고 [차트 영역]은 [그림 또는 질감 채우기]-'동물 크기 배경.jpg'로 설정해요.

  ※ '동물 크기 배경.jpg'는 [불러올 파일]-[CHAPTER 17] 폴더에 있어요.

미션 4) [그림 영역]은 [단색 채우기]-'흰색, 배경 1', '투명도 : 40%'로 설정해요.

02 학습 게임으로 타자 실력 UP

혼자하는 타자 게임 또는 친구들과 대전 게임으로 승부를 겨루어 보아요.

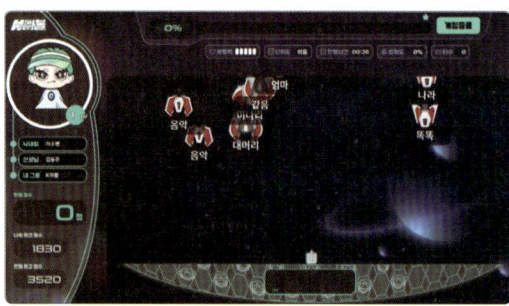
▲ 혼자 게임

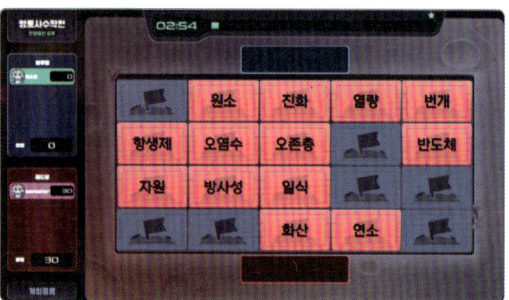
▲ 대전 게임

CHAPTER 18 잠자는 뇌를 깨우는 5분 스트레칭

4분 K마블 타자연습으로 잠자는 손가락을 깨워요^^   평균 타수:

연습하고 싶은 학습 게임을 선택해서 연습해 보아요.

 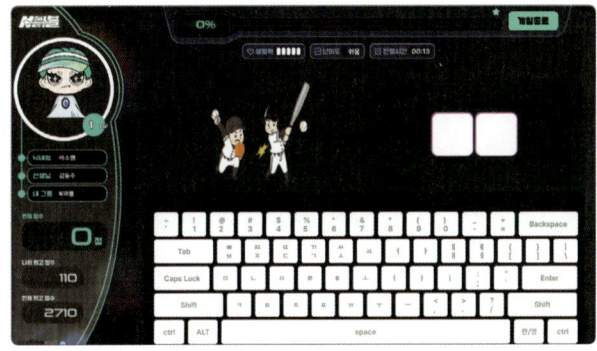

1분 넌센스 퀴즈로 잠자는 뇌를 깨워요^^

내가 태어난 띠의 동물은 어떤 동물일까요?

> 우리나라에는 동물 띠, 12간지가 존재해요.
> 쥐, 소, 호랑이, 토끼, 용, 뱀, 말, 양, 원숭이, 닭, 개, 돼지 순서로 12년 마다 반복돼요.
> 내가 태어난 연도의 띠 동물을 찾아서 동그라미를 해볼까요?

CHAPTER 18 국가별 동물원 수와 동물 수 비교하기

이런걸 배워요!
- 혼합 차트를 추가하고 차트를 꾸밀 수 있어요.

📂 불러올 파일 : 국가별 비교.xlsx 📂 완성된 파일 : 국가별 비교(완성).xlsx

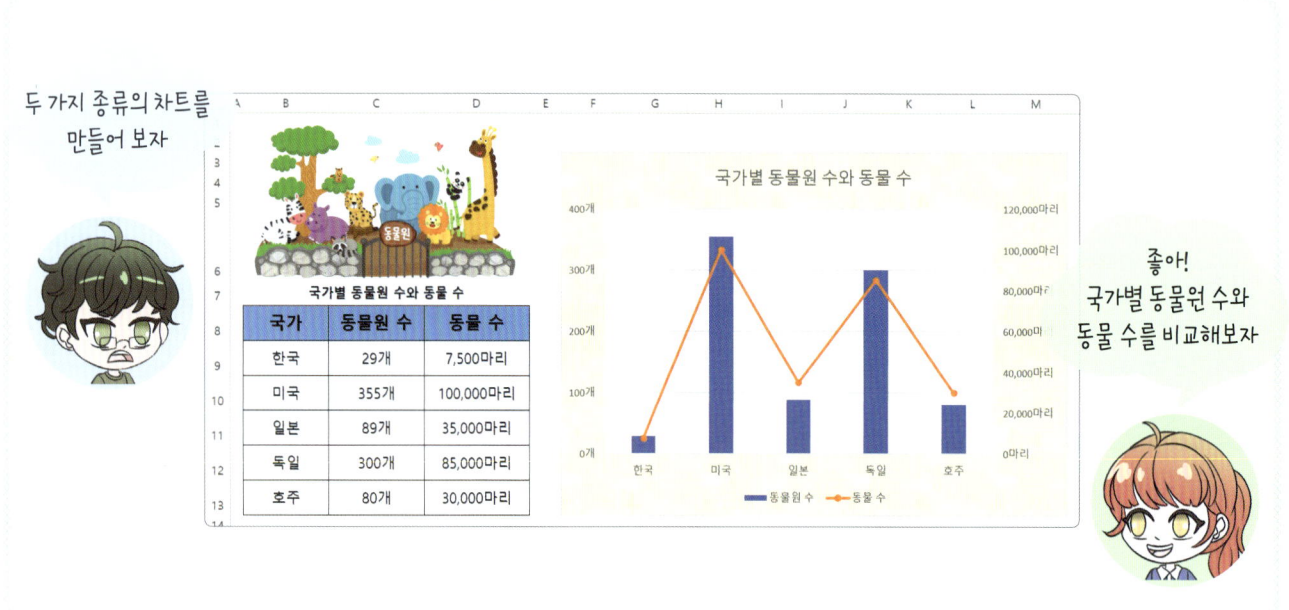

01 혼합 차트 만들기

❶ [Excel 2021]을 실행한 다음 [불러올 파일]-[CHAPTER 18]-'국가별 비교.xlsx' 파일을 열어봅니다.

❷ 차트를 클릭하고 [차트 디자인]-'차트 종류 변경'을 클릭해요.

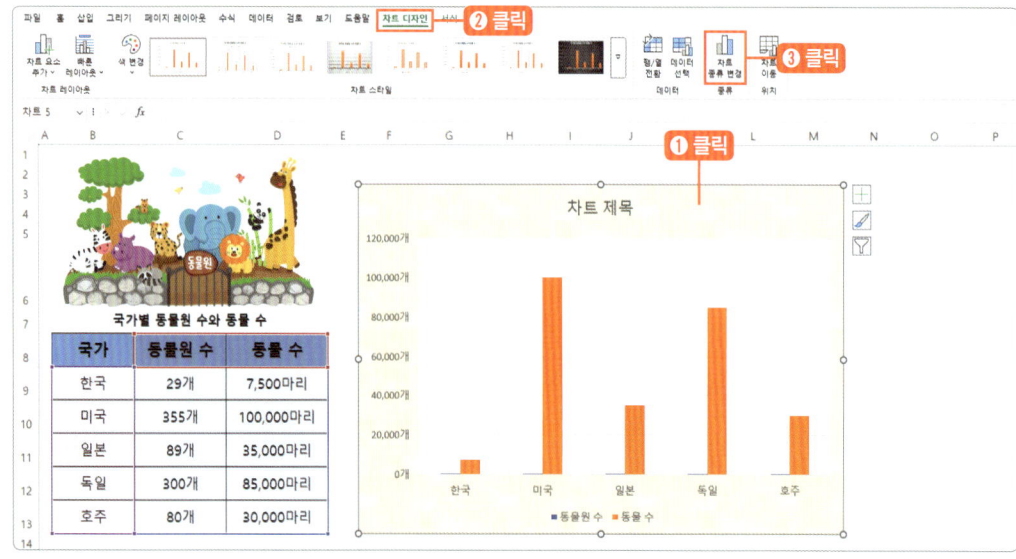

❸ [차트 종류 변경] 대화상자에서 [혼합]을 클릭하고 '동물 수'의 차트를 '표식이 있는 꺾은선형'으로 변경하고 '보조 축'에 체크해요.

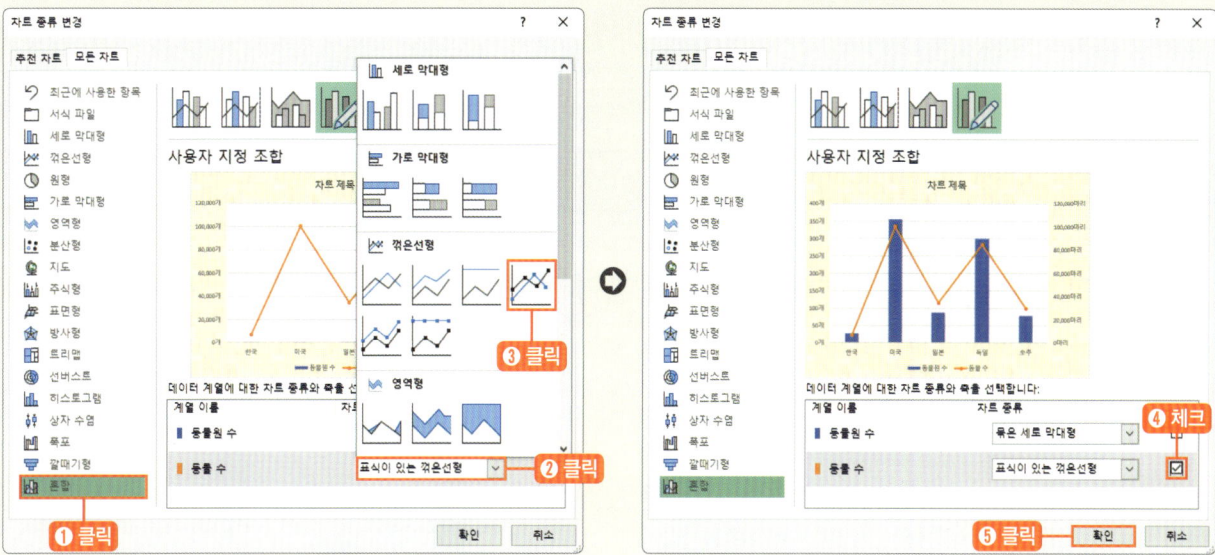

❹ 변경된 차트의 모양을 확인해요.

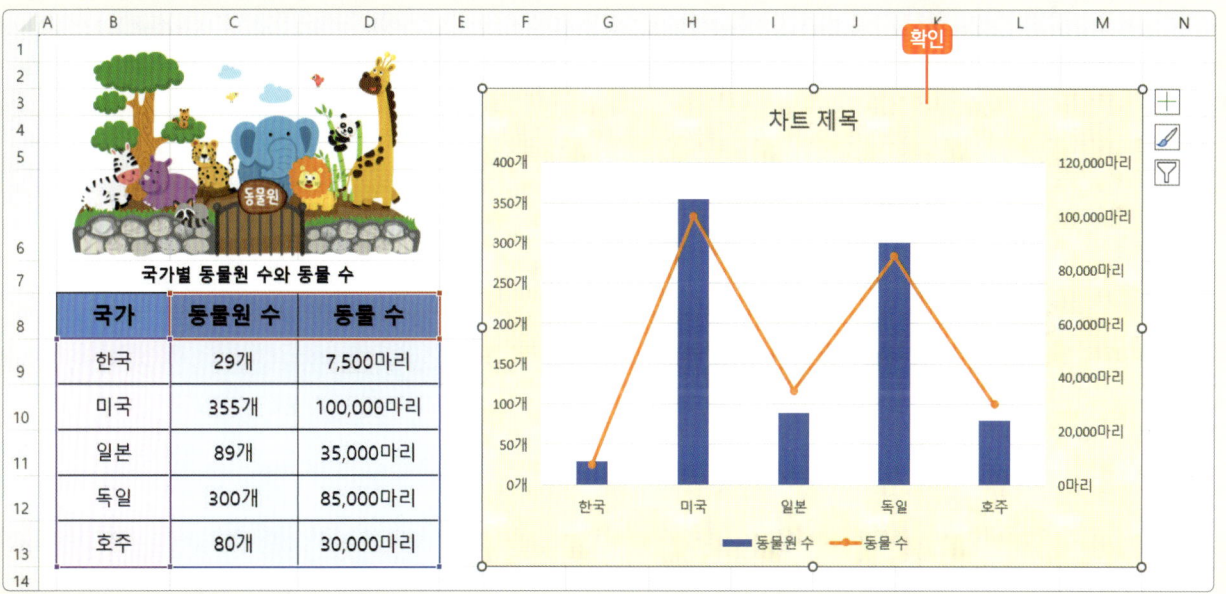

여기서 잠깐!

혼합 차트는 두 가지 차트를 한꺼번에 보여주는 차트예요.
파란 막대는 '동물원 수'를 알려주고, 주황색 선에 동그라미 표식은 '동물 수'를 알려줘요.
보조축을 체크하지 않으면 '동물원 수'가 제대로 표현되지 않아요. 그렇기 때문에 '동물 수'에 보조축을 체크하면 '동물원 수'와 '동물 수'를 차트에 모두 나타낼 수 있어요!

02 차트 제목과 셀 연동하기

❶ [차트 제목]을 클릭하고 수식입력줄에 '='을 입력하고 [B7] 셀을 클릭해요.

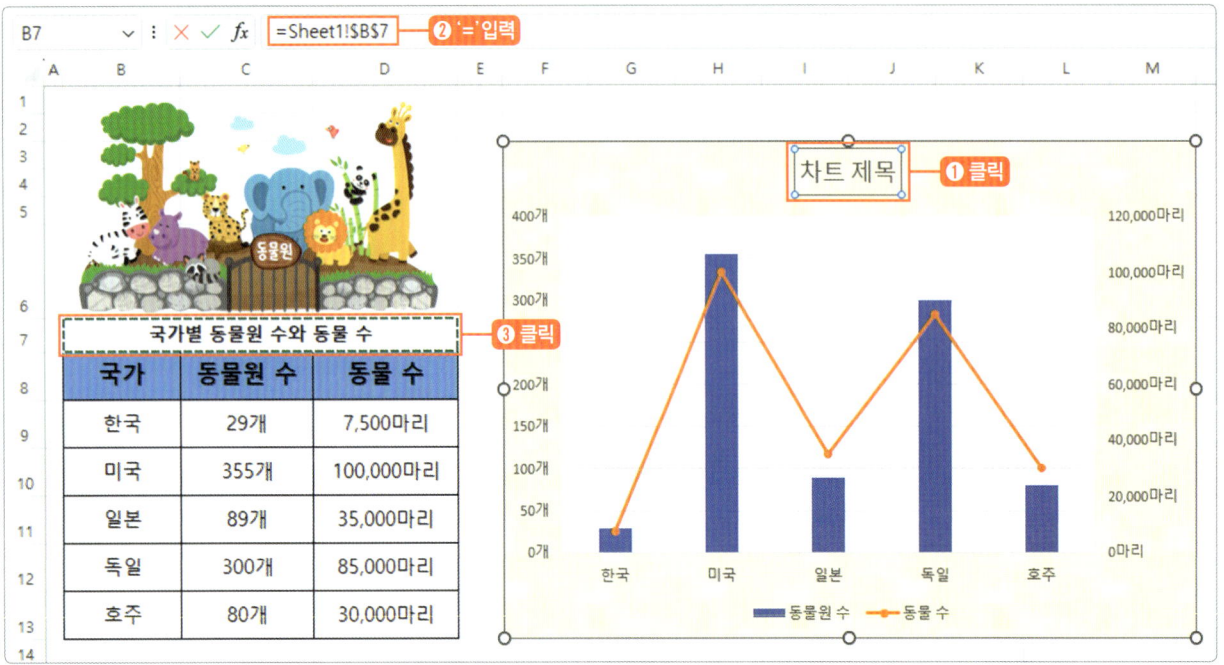

❷ Enter 키를 누르면 차트의 제목이 [B7] 셀에 입력된 내용으로 변경돼요.

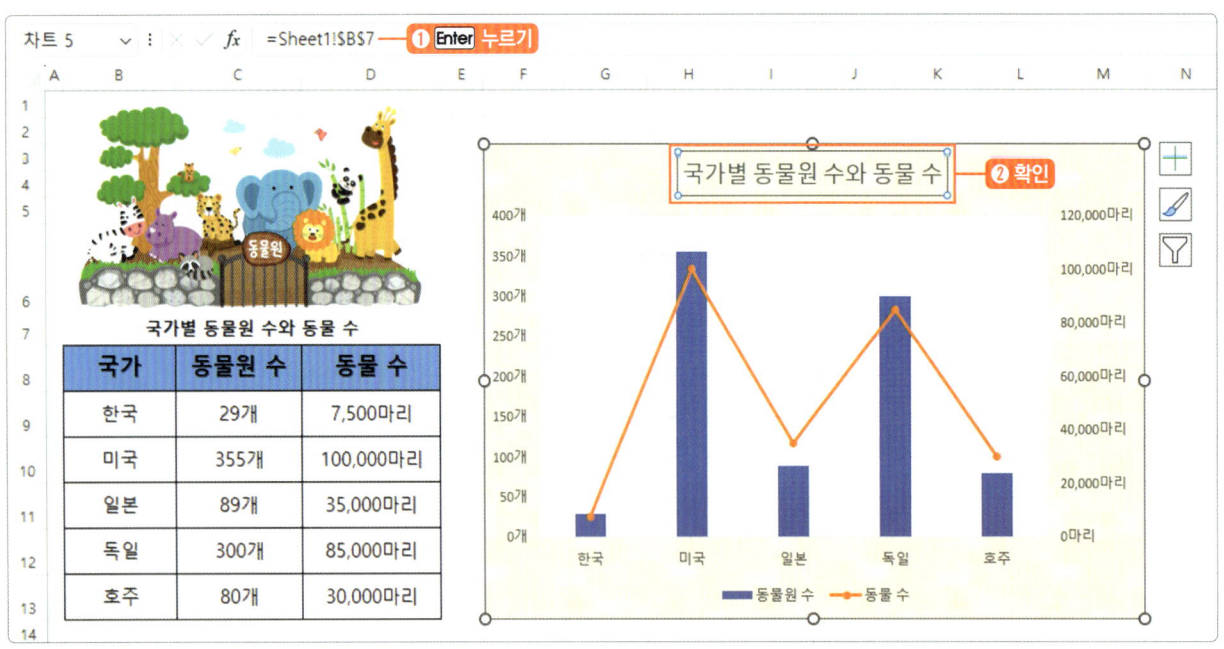

여기서 잠깐!

차트 제목을 작성할 때 직접 글자를 입력해도 되지만, 특정 셀과 연동할 수 있어요.
[B7] 셀 내용을 변경하면 차트 제목 내용도 변경돼요!

03 축 서식 변경하기

① [세로 (값) 축]을 마우스 오른쪽 단추로 클릭하고 [축 서식]을 클릭해요. 이어서, [단위]-[기본]-'100'으로 설정해요.

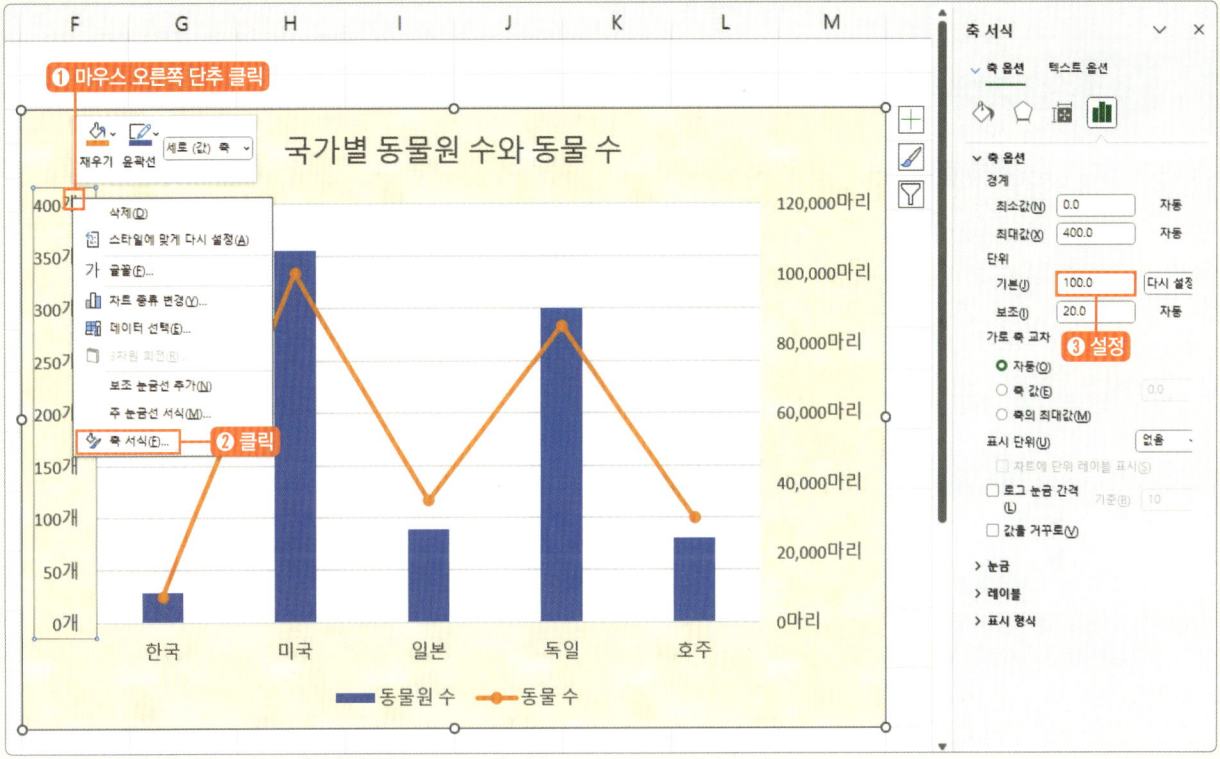

② 막대 차트와 꺾은선 차트가 함께 표시된 혼합 차트가 완성되었어요! 완성된 파일은 저장할 폴더를 선택한 후, 파일 이름은 '국가별 비교(완성).xlsx'로 저장해요.

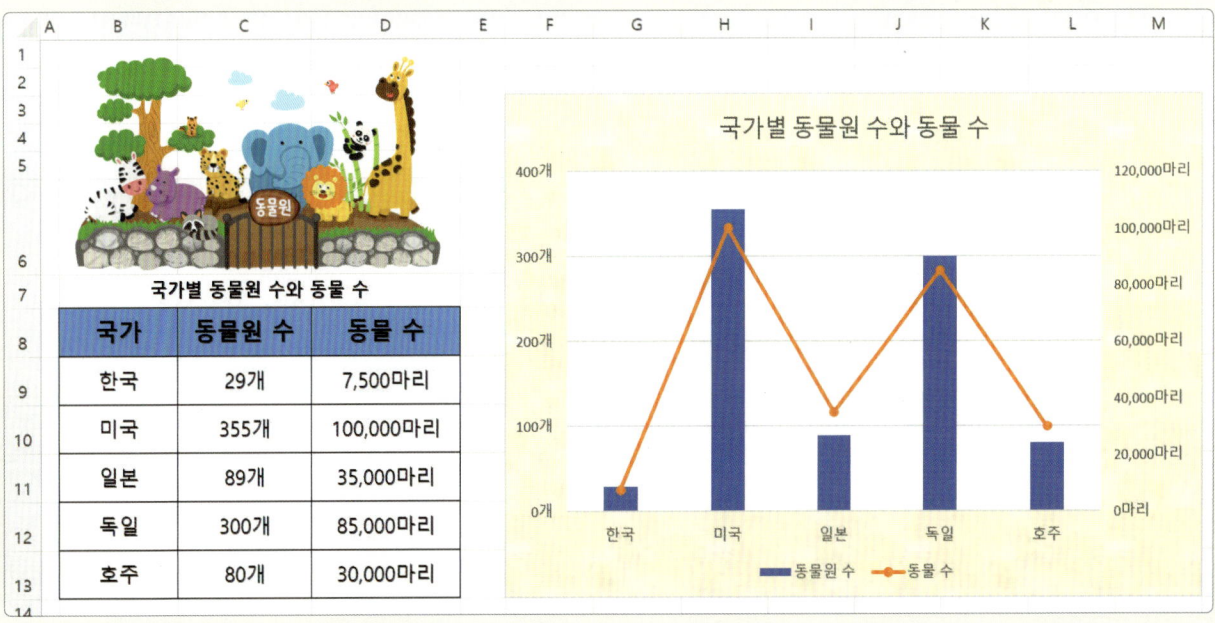

CHAPTER 18 미션! 뚝딱뚝딱!

■ 불러올 파일 : 동물 데이터.xlsx   ■ 완성된 파일 : 동물 데이터(완성).xlsx

01 내 맘대로 사고력으로 문제해결능력 UP

동물별 길이, 동물별 몸무게 데이터를 이용하여 혼합 차트를 만들어요.

미션 1) [평균 몸무게(kg)]을 '표식이 있는 꺾은선형'으로 변경하고 보조축에 체크해요.

미션 2) [차트 제목]을 클릭하고 수식입력줄에 '='을 입력하고 [A1] 셀을 클릭해요.

미션 3) [보조 세로(값)]의 최대값은 '1000'으로 변경하고 단위(기본)는 '200'으로 변경해요.

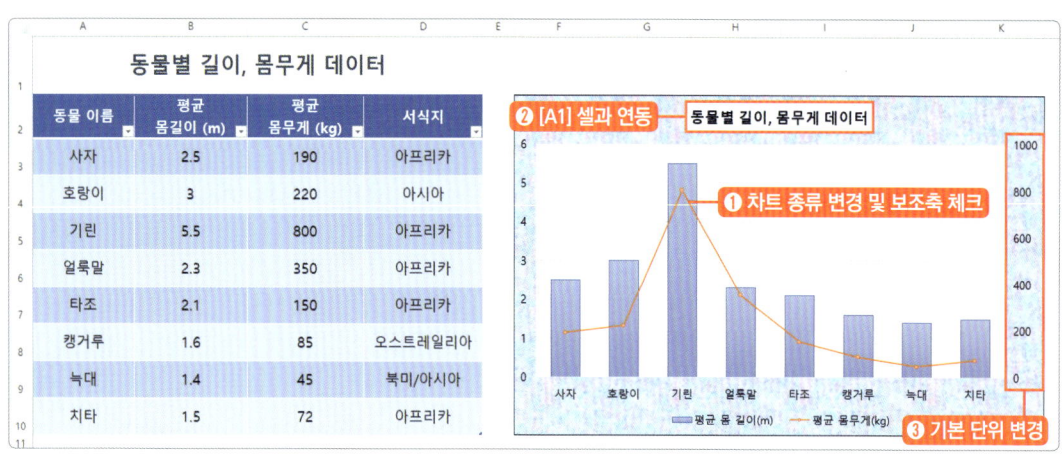

02 학습 게임으로 타자 실력 UP

혼자하는 타자 게임 또는 친구들과 대전 게임으로 승부를 겨루어 보아요.

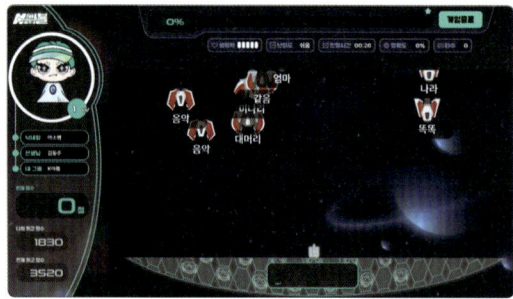
▲ 혼자 게임

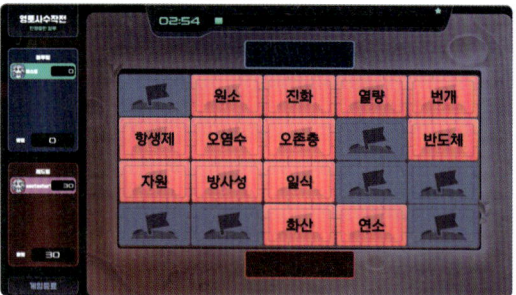
▲ 대전 게임

CHAPTER 19 잠자는 뇌를 깨우는 5분 스트레칭

4분 K마블 타자연습으로 잠자는 손가락을 깨워요^^

평균 타수 :

연습하고 싶은 학습 게임을 선택해서 연습해 보아요.

1분 넌센스 퀴즈로 잠자는 뇌를 깨워요^^

지렁이 미로찾기를 해볼까요?

지렁이는 땅속에서 생활해요. 지렁이는 이빨이 없어서 모래주머니로 음식을 소화시켜요. 지렁이의 소화 경로를 입부터 항문까지 연결해 보아요.

CHAPTER 19 멸종위기등급 원형차트 만들기

이런 건 배워요!
- 원형 차트를 추가하고 차트를 꾸밀 수 있어요.

■ 불러올 파일 : 멸종위기등급.xlsx ■ 완성된 파일 : 멸종위기등급(완성).xlsx

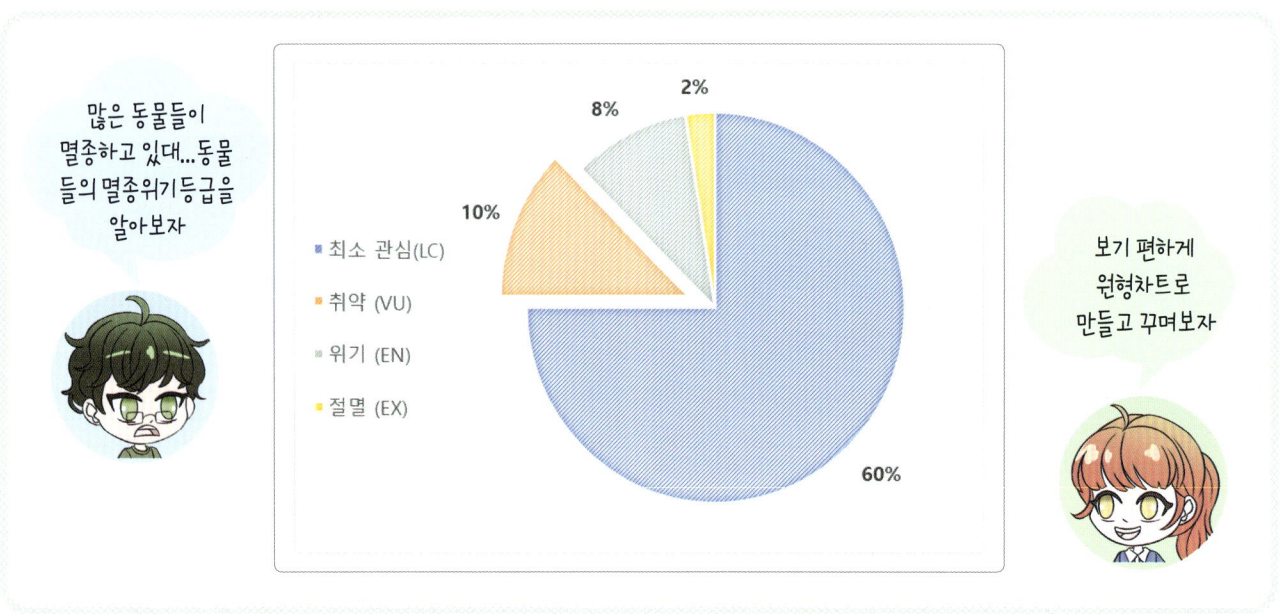

01 원형 차트 만들기

❶ [Excel 2021]을 실행한 다음 [불러올 파일]-[CHAPTER 19]-'멸종위기등급.xlsx' 파일을 열어봅니다.

❷ [C2:D6] 셀을 선택하고 [삽입]-[원형 차트( )]-'원형'을 클릭해요

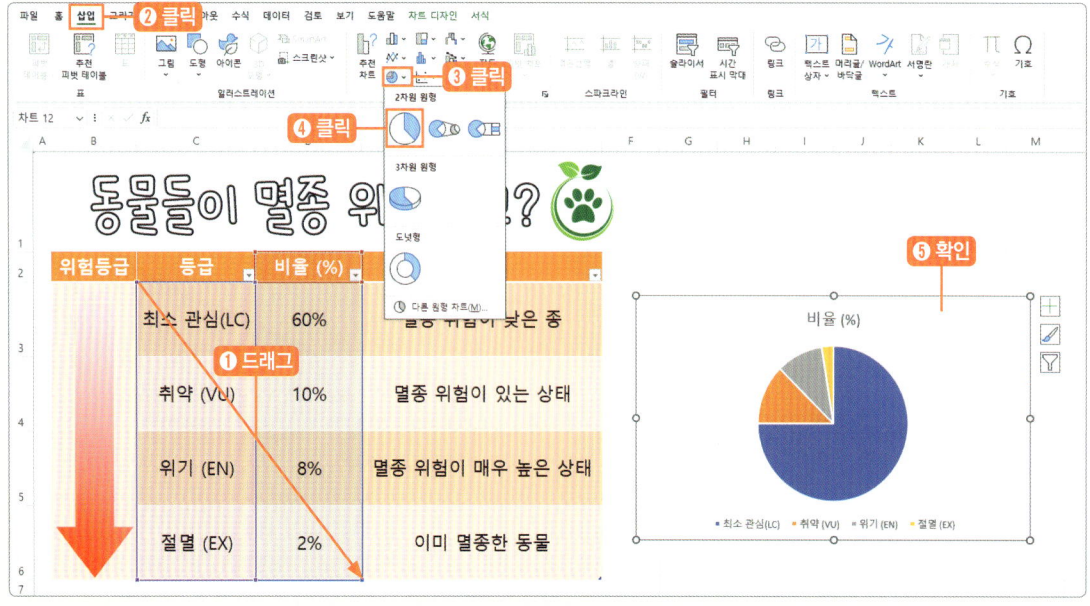

02 차트 이동 및 크기 조절하기

❶ 차트를 클릭하고 **Alt** 키를 누르면서 드래그하여 차트가 [G2] 셀에서 [N6] 셀까지 정확히 맞춰지도록 크기와 위치를 조절해요.

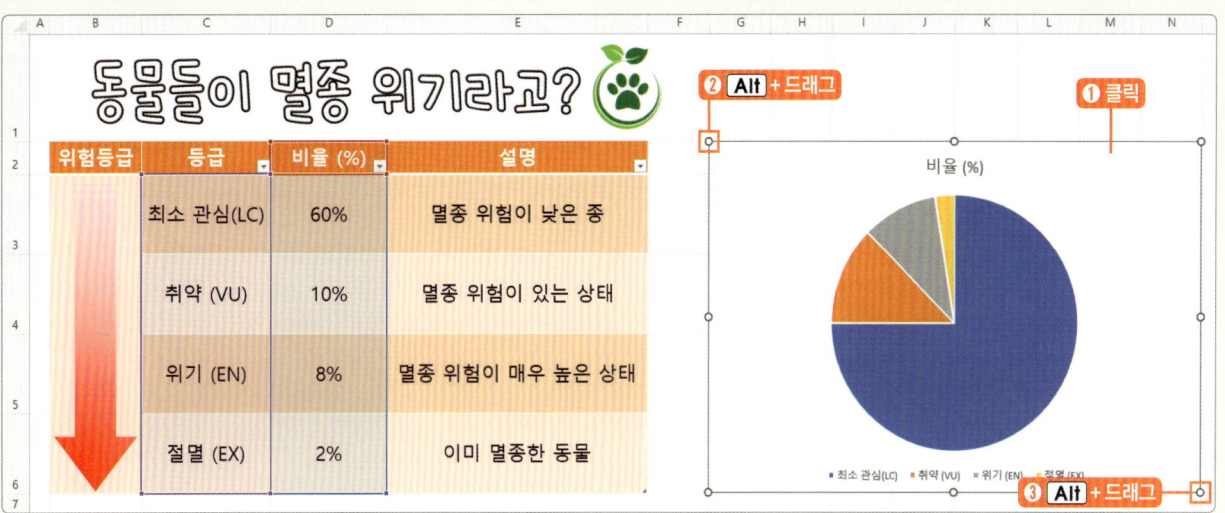

03 차트 꾸미기

❶ 차트를 클릭하고 [차트 디자인] 탭-[차트 스타일]에서 '스타일 2'를 클릭해요. 이어서, [차트 요소 추가]-[범례]를 클릭하고 '왼쪽'을 클릭해요.

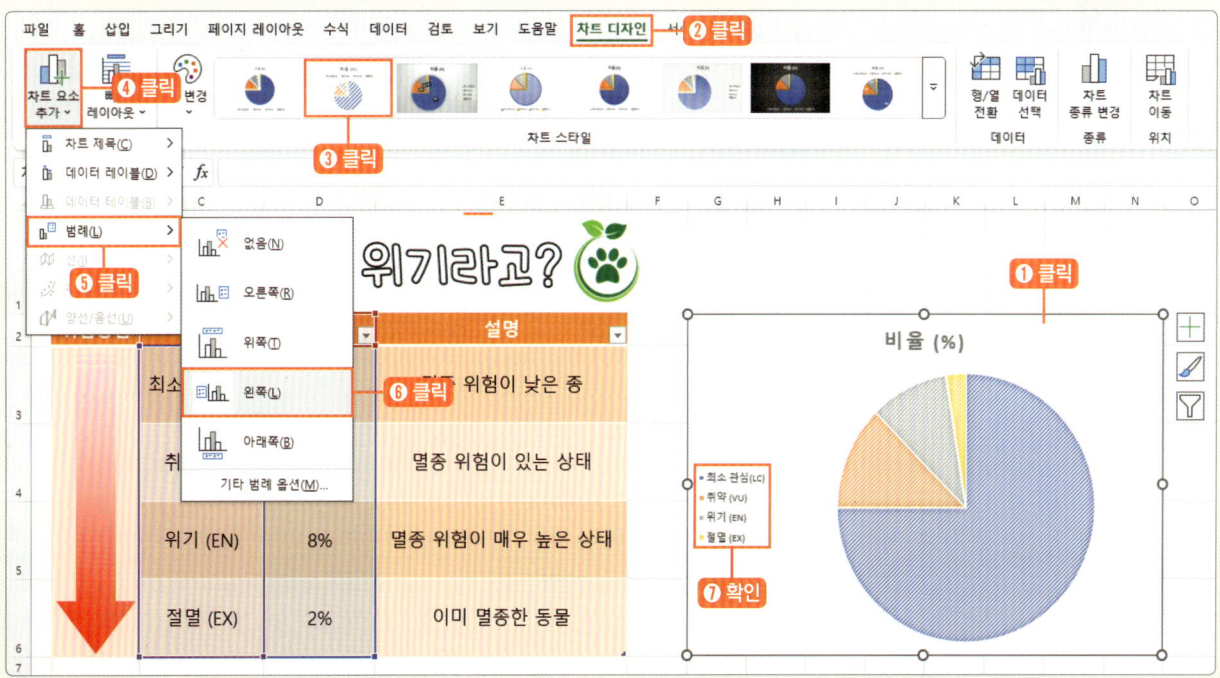

여기서 잠깐!

범례는 그래프에 나오는 색깔이나 모양이 무엇을 뜻하는지 알려주는 이름표예요!

❷ [차트 요소 추가]-[데이터 레이블]을 클릭하고 '바깥쪽 끝에'를 클릭해요.

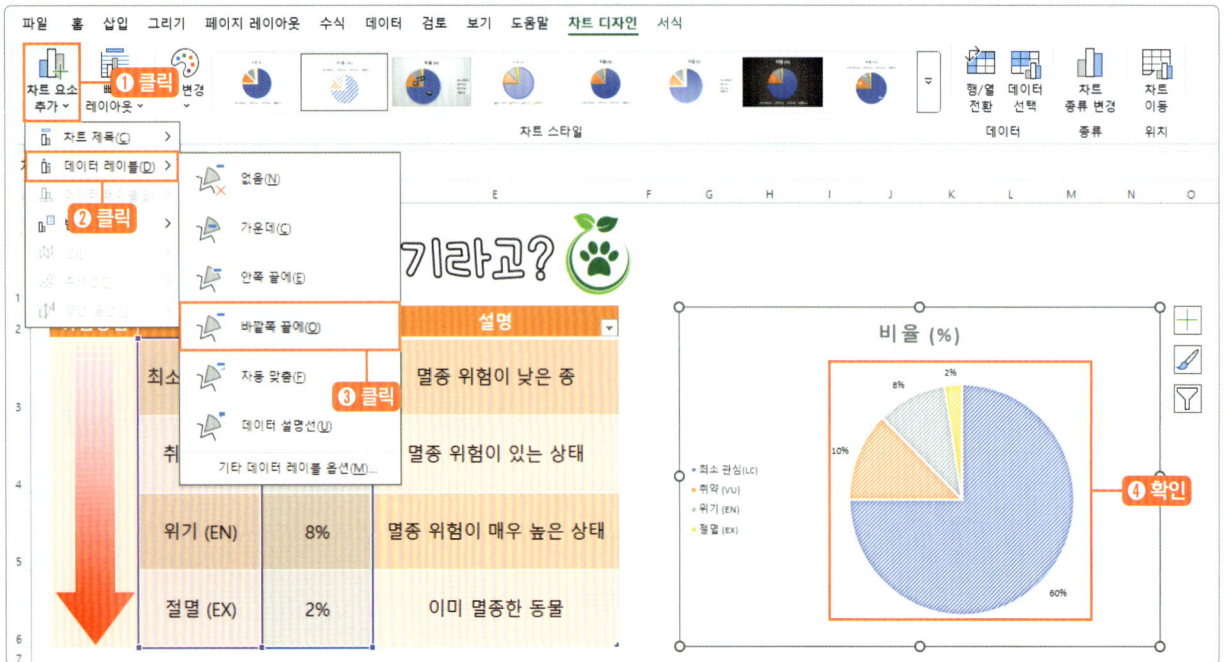

❸ [차트 요소 추가]-[차트 제목]을 클릭하고 '없음'을 클릭해요.

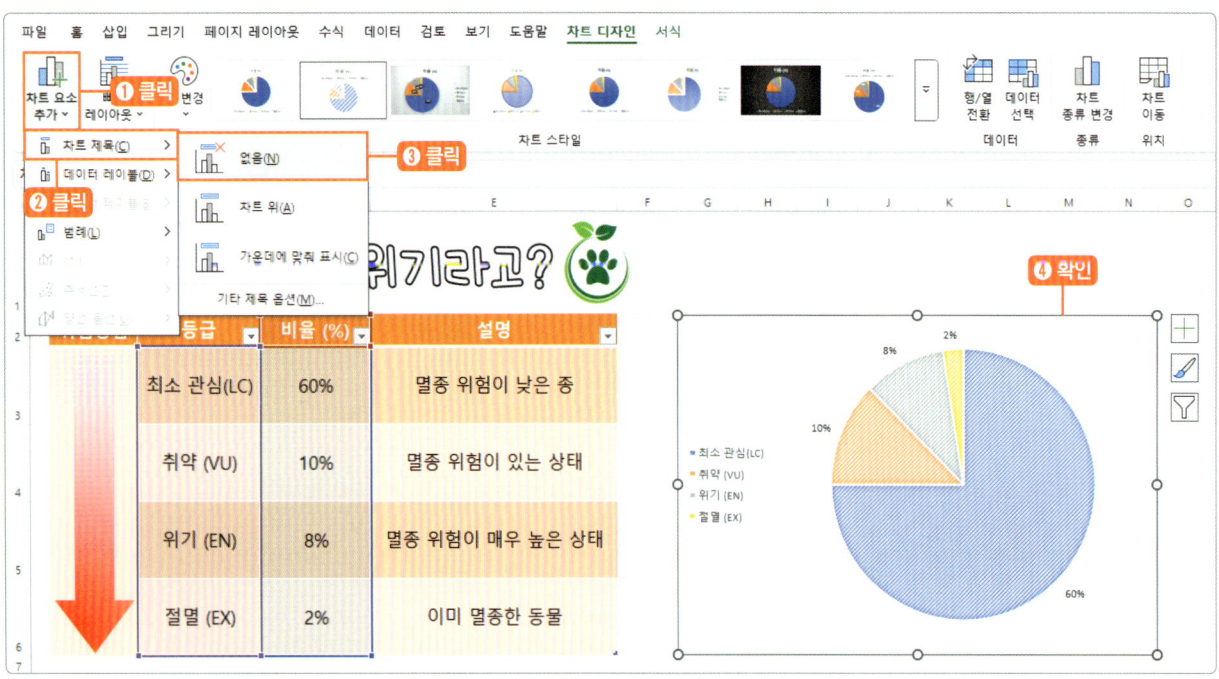

❹ 차트를 클릭하고 [홈] 탭-[글꼴]에서 '글꼴(맑은 고딕 (제목))'과 '글꼴 크기(15)'로 설정해요.

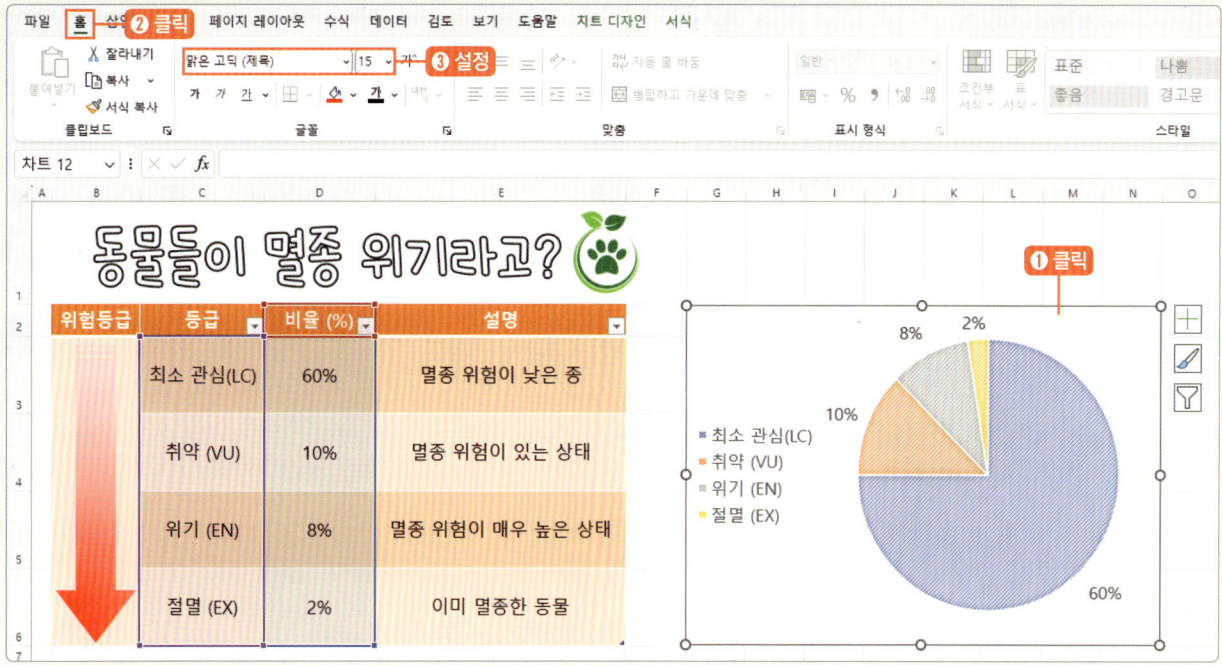

❺ [취약] 계열을 클릭하면서 드래그하면 조각이 쪼개져요.

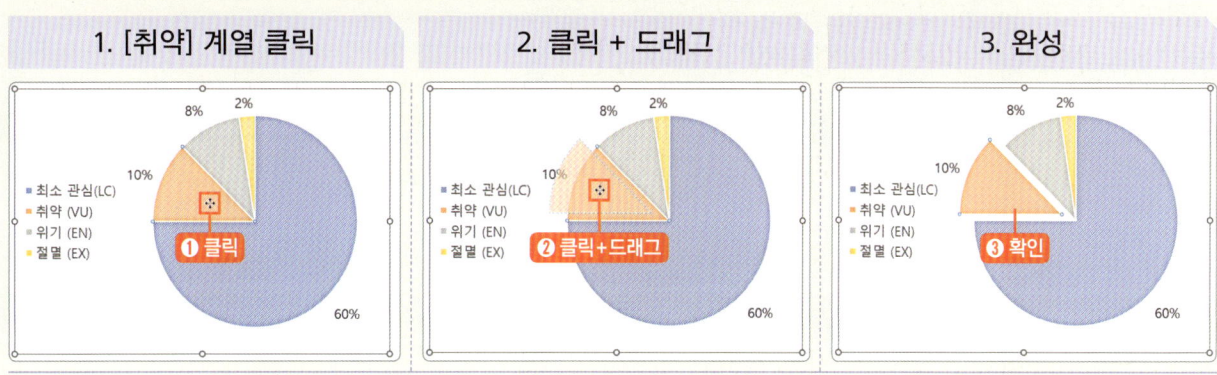

❻ 원형 차트가 완성되었어요! 완성된 파일은 저장할 폴더를 선택한 후, 파일 이름은 '멸종위기등급(완성).xlsx'로 저장해요.

CHAPTER 19 미션! 뚝딱뚝딱!

📁 불러올 파일 : 동물인기조사.xlsx   📁 완성된 파일 : 동물인기조사(완성).xlsx

01 내 맘대로 사고력으로 문제해결능력 UP

동물 친구들의 인기 투표를 진행했어요! 인기 투표 결과를 원형 차트로 만들어요.

미션 1) [동물]과 [비율(%)] 데이터를 이용하여 원형 차트를 만들어요.

미션 2) 차트의 위치는 [F4:M11] 영역에 배치해요.

미션 3) [차트 스타일]-'스타일 9'로 설정하고, 글꼴(맑은 고딕(제목))과 글꼴 크기(14)를 설정해요.

미션 4) [차트 요소 추가]-[차트 제목]은 '없음'으로 설정해요.

미션 5) [강아지] 계열의 조각을 그림과 같이 설정해요.

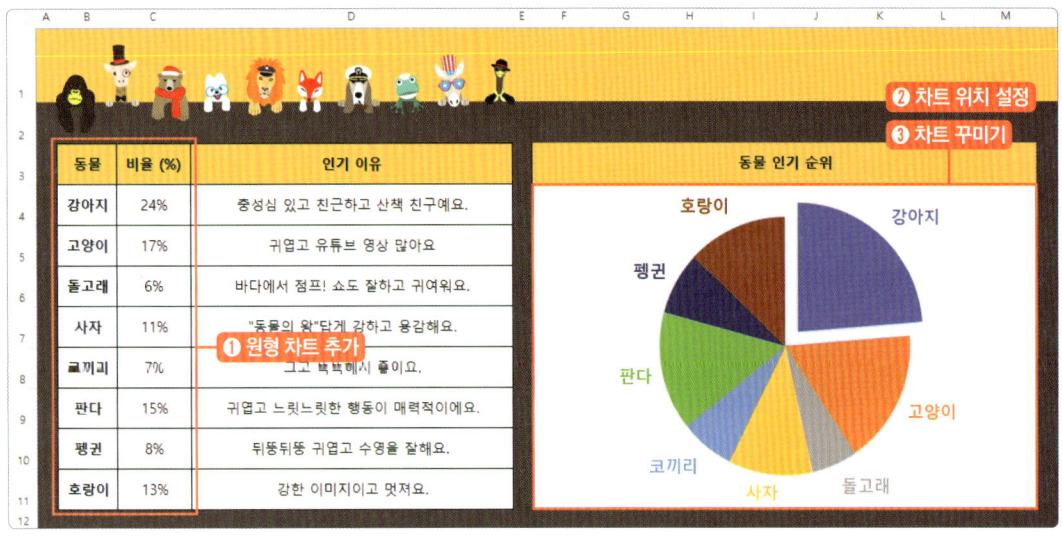

02 학습 게임으로 타자 실력 UP

혼자하는 타자 게임 또는 친구들과 대전 게임으로 승부를 겨루어 보아요.

▲ 혼자 게임

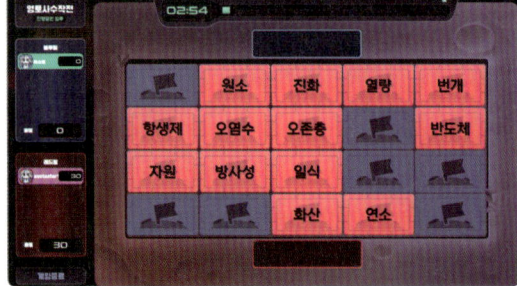
▲ 대전 게임

休 알아두면 좋은 생활 상식

CHAPTER 20 : 내 맘대로 해결사 되기!

지난 세 개의 차시에서 배운 내용으로 스스로 해결해 볼까?

- 불러올 파일 : 고래 사전.xlsx
- 완성된 파일 : 고래 사전(완성).xlsx

오늘은 지난 세 개의 차시에서 배운 내용으로 하나의 작품을 만들어 볼 거예요. 아래 완성 이미지를 참고해서 스스로 해결해 보고 어려운 부분은 손을 들어주세요.

완성 작품

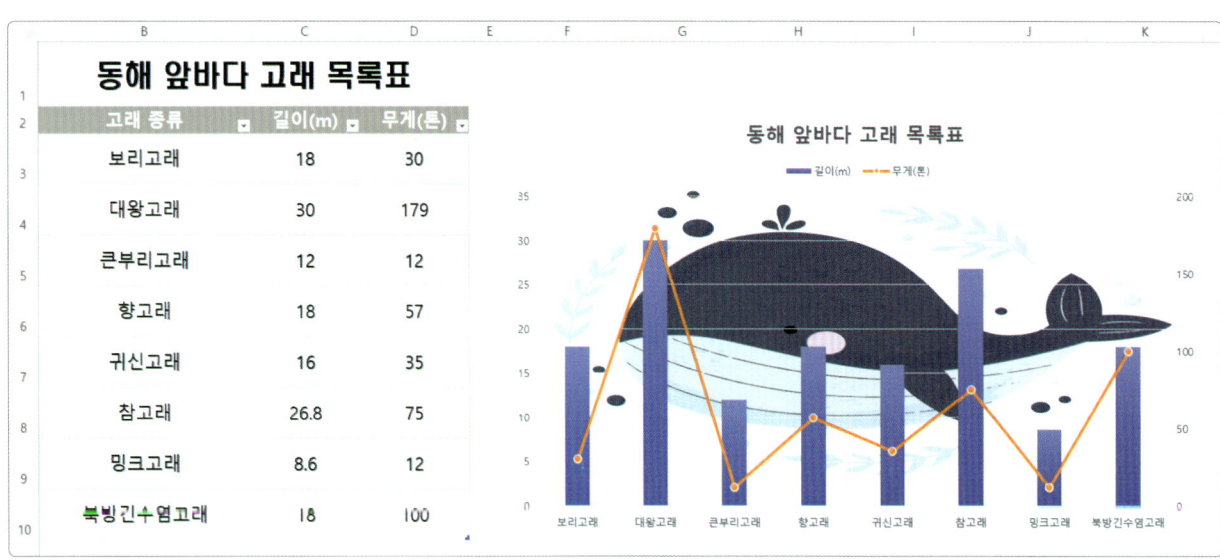

[작업 1] : 표 꾸미기

[작업 2] : 차트 만들기

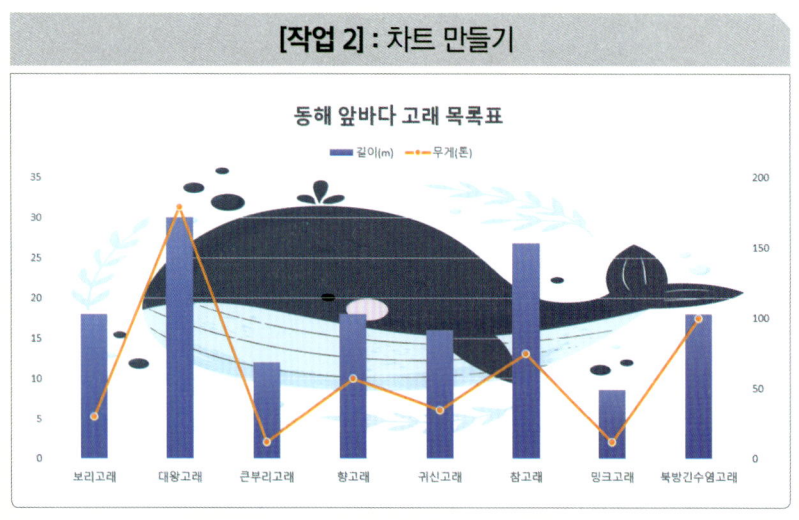

■ **이렇게 만들어 보아요.**(아래 지시사항과 힌트를 보면서 스스로 해결해 보아요.)

01 내 맘대로 사고력으로 문제해결능력 UP

표 꾸미기

❶ [B2:C10] 셀 영역을 선택하고 [홈] 탭–[표 서식]–'흰색, 표 스타일 보통 4'로 설정해요.

❶ 표 서식 설정
❷ 묶은 세로 막대형 차트 추가

차트 만들기

❶ [B2:C10] 셀 영역을 선택한 후, [삽입] 탭–[묶은 세로 막대형] 차트를 클릭해요.

❷ 차트를 [F2:L10] 영역에 표시될 수 있게 크기와 위치를 조절해요.
※ Alt 를 누르면서 크기를 조절하면 셀 크기에 맞춰서 조절할 수 있어요.

❸ '무게(톤)' 항목을 '표식이 있는 꺾은선형'으로 변경하고 보조 축으로 설정해요.

❹ [차트 디자인] 탭에서 '차트 스타일 4'로 설정하고 [범례]–'위쪽'으로 설정해요.

❺ [차트 영역]의 배경은 [그림]–'고래 배경.jpg'로 설정해요.
※ 그림 위치 : [불러올 파일]–[CHPATER 20] 폴더에 있어요.

❻ [차트 제목]은 [B1] 셀과 연동되도록 설정해요.

❼ [보조 세로 (값) 축]은 '최소값(0)', '최대값(200)', '단위–기본(50)'으로 설정해요.

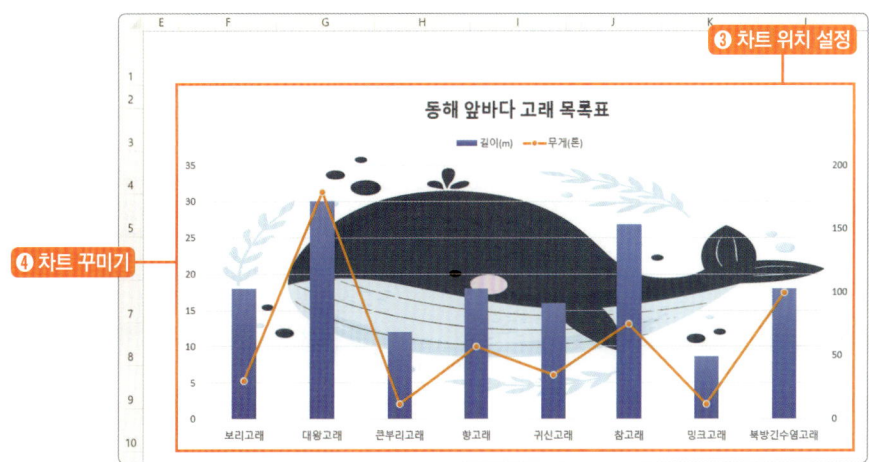

❸ 차트 위치 설정
❹ 차트 꾸미기

CHAPTER 21 잠자는 뇌를 깨우는 5분 스트레칭

4분 K마블 타자연습으로 잠자는 손가락을 깨워요^^

평균 타수 :

연습하고 싶은 학습 게임을 선택해서 연습해 보아요.

1분 넌센스 퀴즈로 잠자는 뇌를 깨워요^^

동물 2가지를 합쳐서 새로운 동물이 탄생한다면 어떤 동물이 될까요?

예시) 기린+사자=기라자
　　　기린과 사자를 합치면 이렇게 생긴 동물일 것 같아요.

답변

CHAPTER 21 나만의 동물도감 만들기

이런 걸 배워요!
- 중복데이터를 제거하고 데이터 유효성 검사를 사용해요.

📘 불러올 파일 : 나만의 동물도감.xlsx   📗 완성된 파일 : 나만의 동물도감(완성).xlsx

동물 사전에 중복된 내용이 있는 것 같아.

중복데이터를 제거하고 데이터 유효성 검사 기능을 사용해 보자.

01 중복된 데이터 제거하기

① [Excel 2021]을 실행한 다음 [불러올 파일]-[CHAPTER 21]-'나만의 동물도감.xlsx' 파일을 열어봅니다.

② [D2:D15] 셀을 드래그하여 복사하고 [H2] 셀을 클릭하여 붙여넣기 해요.
 ※ 복사 : Ctrl + C, 붙여넣기 : Ctrl + V

❸ [H2:H15] 셀을 드래그하고 [데이터] 탭-'중복된 항목 제거'를 클릭한 다음 <확인> 단추를 클릭해요.

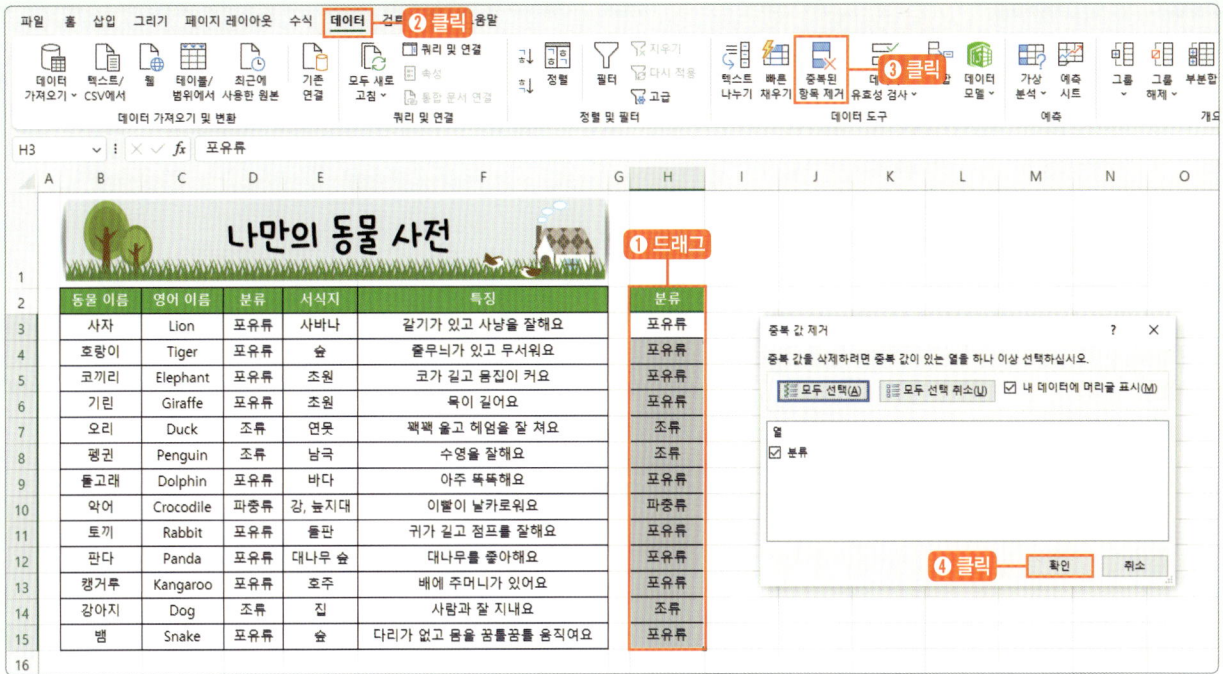

❹ 중복된 값이 제거되어 '포유류', '조류', '파충류' 3개의 데이터만 남았어요. <확인> 단추를 클릭해요.

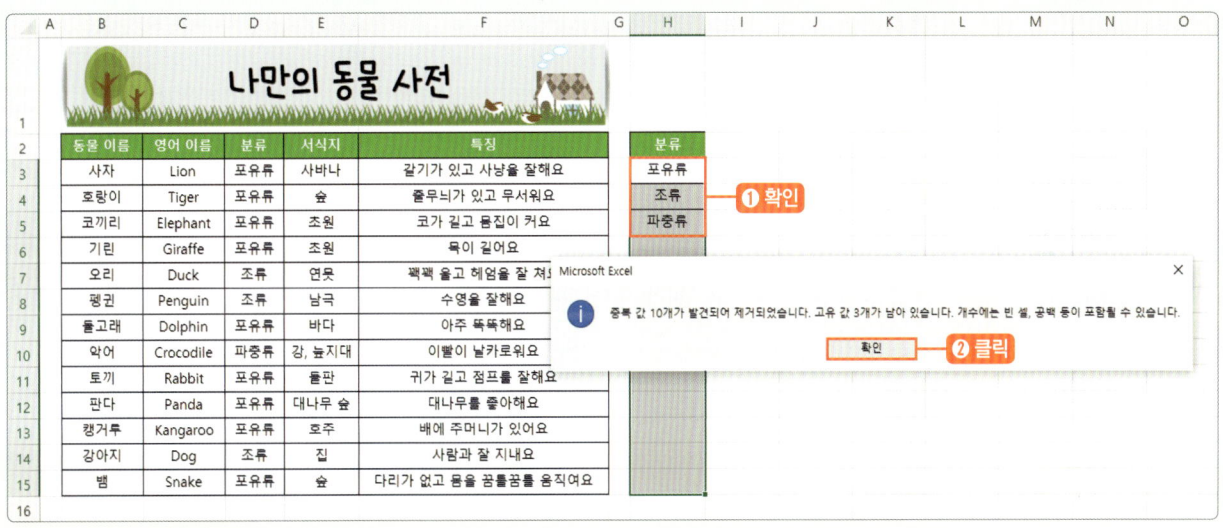

여기서 잠깐!

중복된 항목 제거 기능은 같은 항목이 두 개 이상 있을 때 하나만 남기고 지워주는 기능이에요!

02 데이터 유효성 검사 설정하기

❶ [D3:D15] 셀을 드래그하고 [데이터] 탭-'데이터 유효성 검사'를 클릭해요.

※ 데이터 유효성 검사는 정해진 값만 선택하게 해주는 기능이에요! 데이터를 직접 쓰지 않고, 선택만 하게 도와줘요.

❷ [제한 대상]은 '목록'으로 변경하고, [원본]의 빈칸을 클릭한 다음 [H3:H5] 셀을 드래그해요. 이어서, <확인> 단추를 클릭해요.

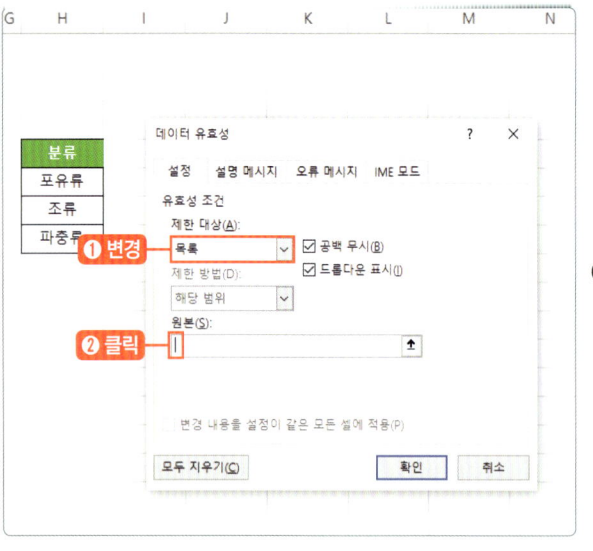
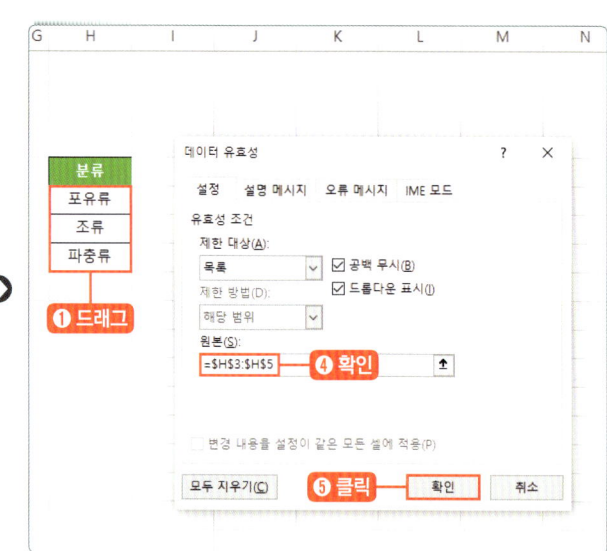

❸ [D3] 셀을 클릭하면 목록 단추(▼)가 보여요. 목록 단추를 클릭하면 '포유류', '조류', '파충류' 3개 항목 중에서 선택할 수 있어요.

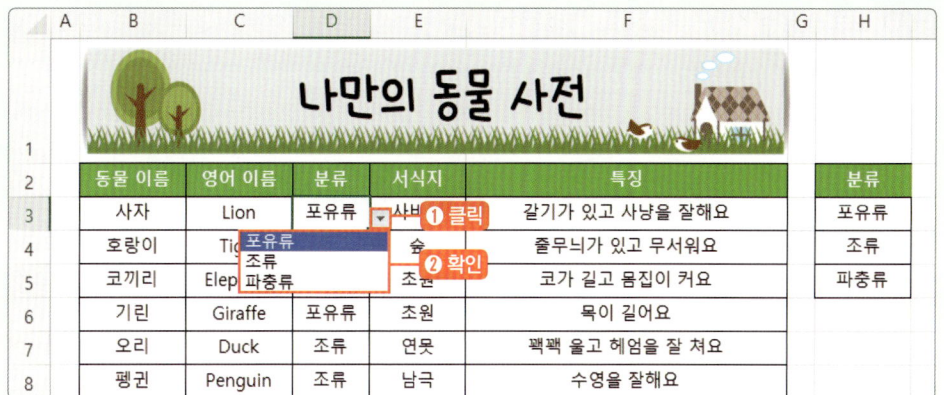

여기서 잠깐!

목록에 없는 데이터 값을 입력하면 오류 메시지가 떠요!. 경고 메세지가 보이면 <취소>를 클릭해요.

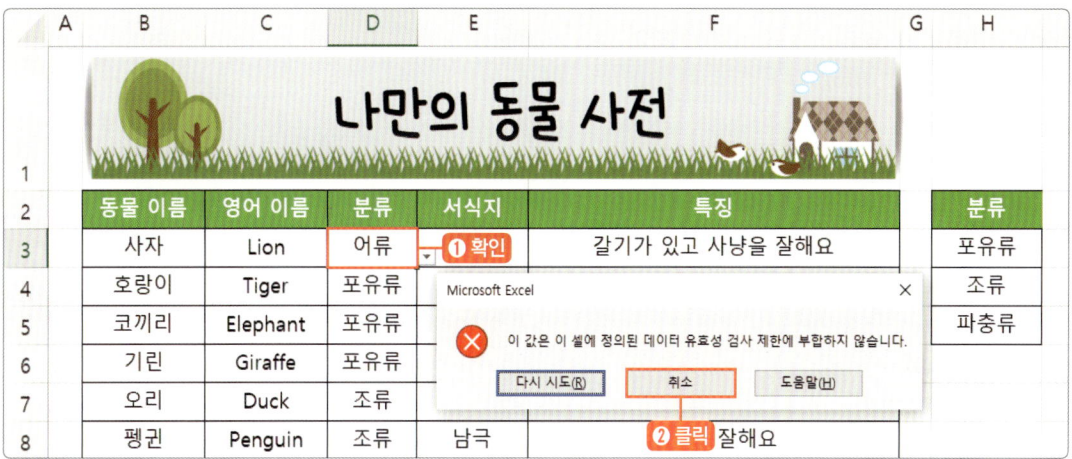

❹ 강아지는 '포유류', 뱀은 '파충류'로 변경해요. 완성된 파일은 저장할 폴더를 선택한 후, 파일 이름은 '나만의 동물 사전(완성).xlsx'로 저장해요.

CHAPTER 21 미션! 뚝딱뚝딱!

■ 불러올 파일 : 동물원.xlsx   ■ 완성된 파일 : 동물원(완성).xlsx

01 내 맘대로 사고력으로 문제해결능력 UP

미션 1) [C2:C10] 셀을 복사해서 [F2] 셀에 붙여넣기 해요.

미션 2) [F2:F7] 셀을 선택하고 중복된 값을 제거해요.

미션 3) [C3:C10] 셀을 선택하고 [데이터 유효성 검사]를 사용해서 '서울', '용인', '대전', '춘천', '대구' 항목만 선택할 수 있도록 설정해요.

미션 4) [C8] 셀은 '서울', [C9] 셀은 '용인', [C10] 셀은 '대전'으로 변경해요.

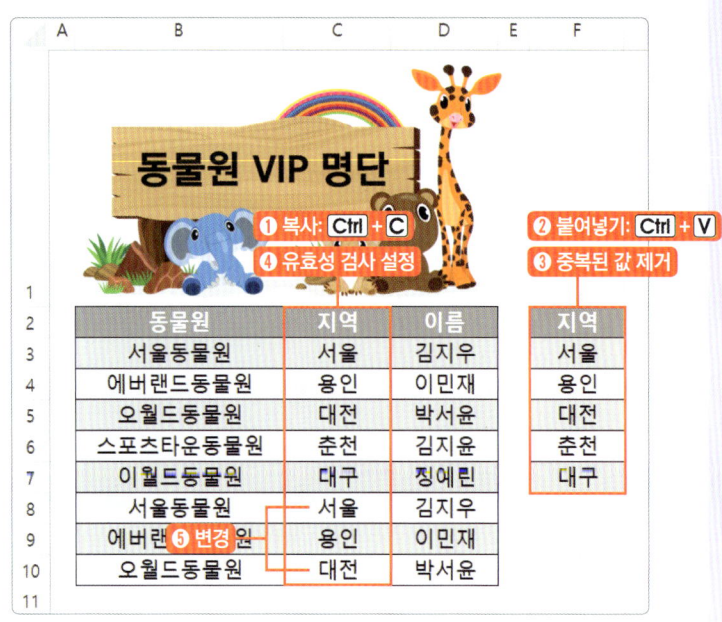

02 학습 게임으로 타자 실력 UP

혼자하는 타자 게임 또는 친구들과 대전 게임으로 승부를 겨루어 보아요.

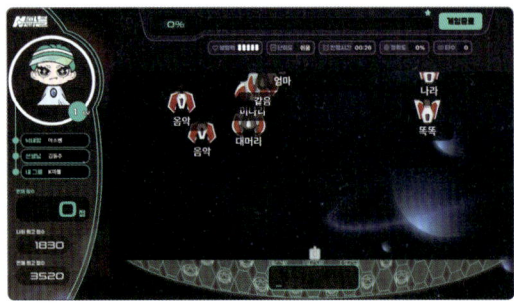   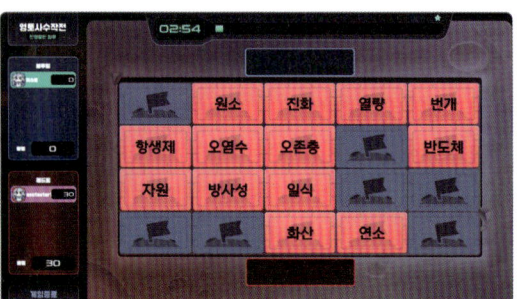

▲ 혼자 게임   ▲ 대전 게임

CHAPTER 22 — 잠자는 뇌를 깨우는 5분 스트레칭

4분 K마블 타자연습으로 잠자는 손가락을 깨워요^^   평균 타수 :

연습하고 싶은 학습 게임을 선택해서 연습해 보아요.

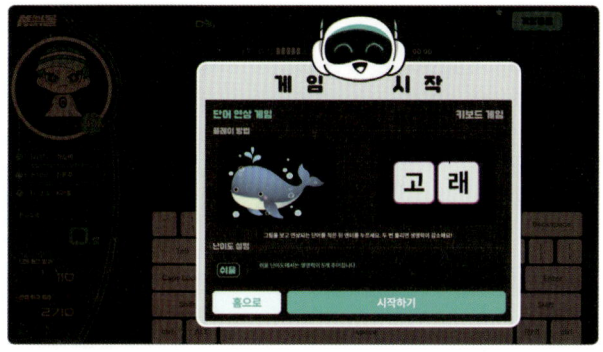

1분 넌센스 퀴즈로 잠자는 뇌를 깨워요^^

가로세로 퀴즈를 풀어보아요.

	1.		이		1.
			구		
	2.		아		
			나		

\<가로\>

1. 한반도는 이 동물과 닮아있고 육식동물로 줄무늬가 멋있는 동물이에요.
   [힌트] ㅎㄹㅇ

2. 소의 새끼를 뜻하는 단어에요.
   [힌트] ㅅㅇㅈ

\<세로\>

1. 바다에 사는 포유류 동물로 몸이 무척 커요.
   [힌트] ㄱㄹ

CHAPTER 22 삐약이의 성장 과정 기록하기

이런 걸 배워요! ● 데이터를 찾아서 바꾸는 기능과 조건부 서식 기능을 배워요.

■ 불러올 파일 : 삐약이의 성장과정.xlsx   ■ 완성된 파일 : 삐약이의 성장과정(완성).xlsx

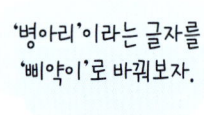
'병아리'라는 글자를 '삐약이'로 바꿔보자.

삐약이가 탄생한 날을 조건부서식으로 빠르게 찾을 수 있어!

01 데이터 찾기 및 바꾸기

❶ [Excel 2021]을 실행한 다음 [불러올 파일]-[CHAPTER 22]-'삐약이의 성장과정.xlsx' 파일을 열어봅니다.

❷ [D5:D17] 셀을 드래그하고 [홈] 탭-[찾기 및 선택]-'바꾸기'를 클릭해요.

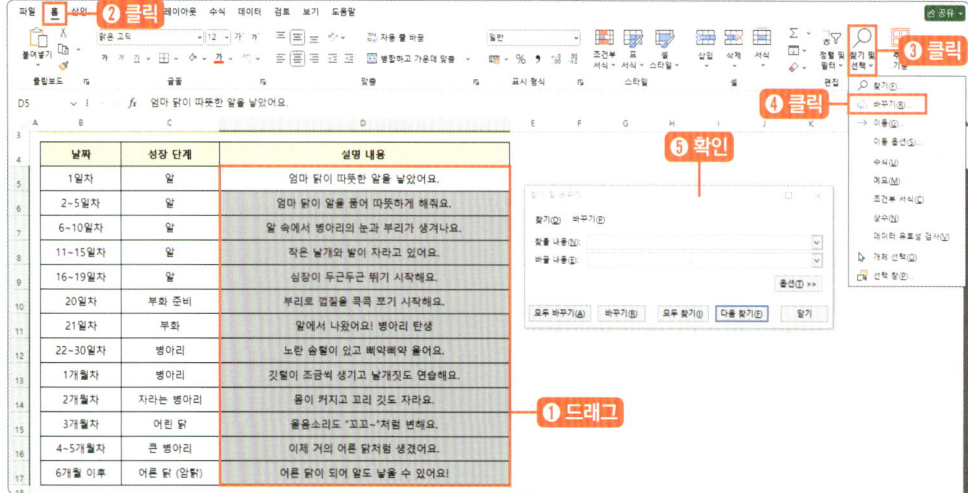

❸ [찾기 및 바꾸기] 대화상자에서 [찾을 내용]-'병아리', [바꿀 내용]-'삐약이'로 입력하고 <모두 바꾸기> 단추를 클릭해요.

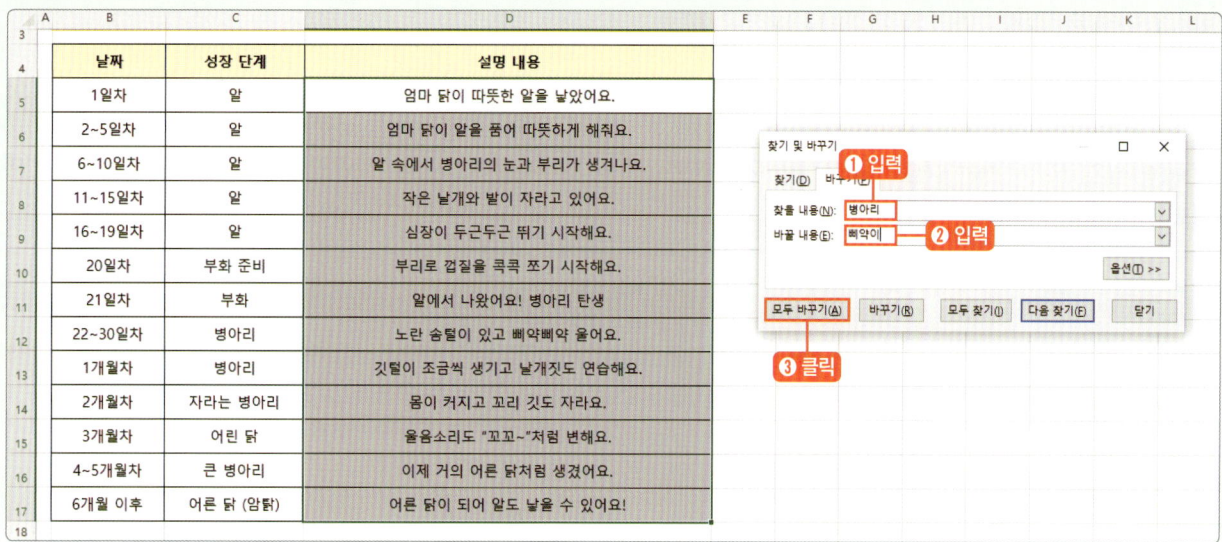

❹ [D7] 셀과 [D11] 셀의 내용이 '삐약이'로 변경되었어요. <확인> 단추를 클릭해요.

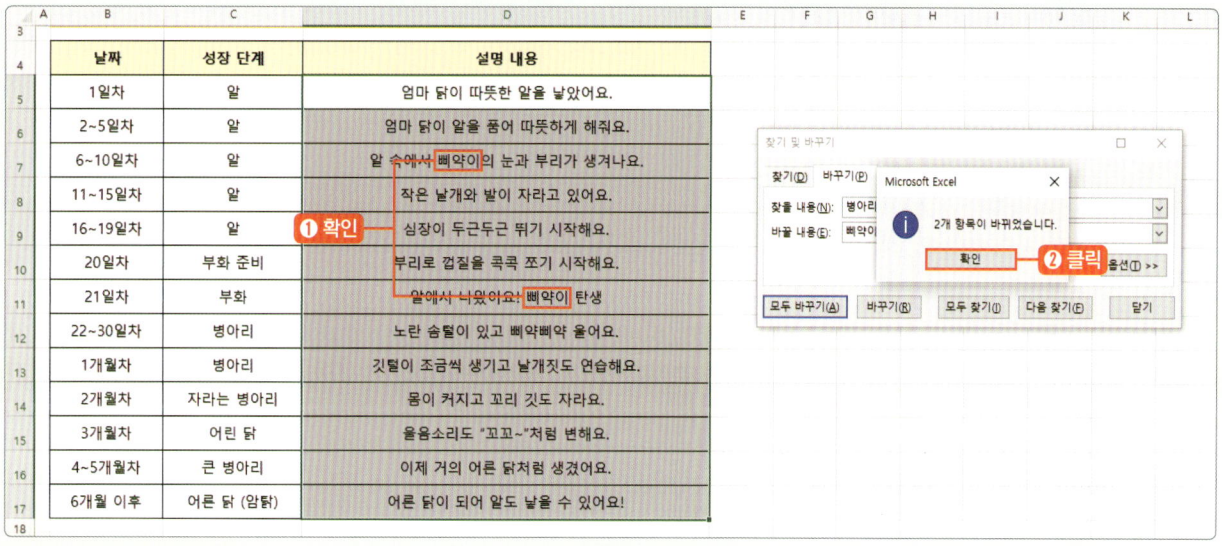

여기서 잠깐!

[찾기 및 바꾸기] 기능을 사용할 때 범위를 지정하지 않으면 모든 범위에 있는 병아리가 변경돼요! 꼭 [D5:D17] 셀을 선택하고 [찾기 및 바꾸기] 기능을 사용해야 해요.

삐약이가 탄생한 날짜 찾기

❶ [B5:D17] 셀을 드래그하고 [홈] 탭-[조건부 서식]의 [셀 강조 규칙]-'텍스트 포함'을 클릭해요.

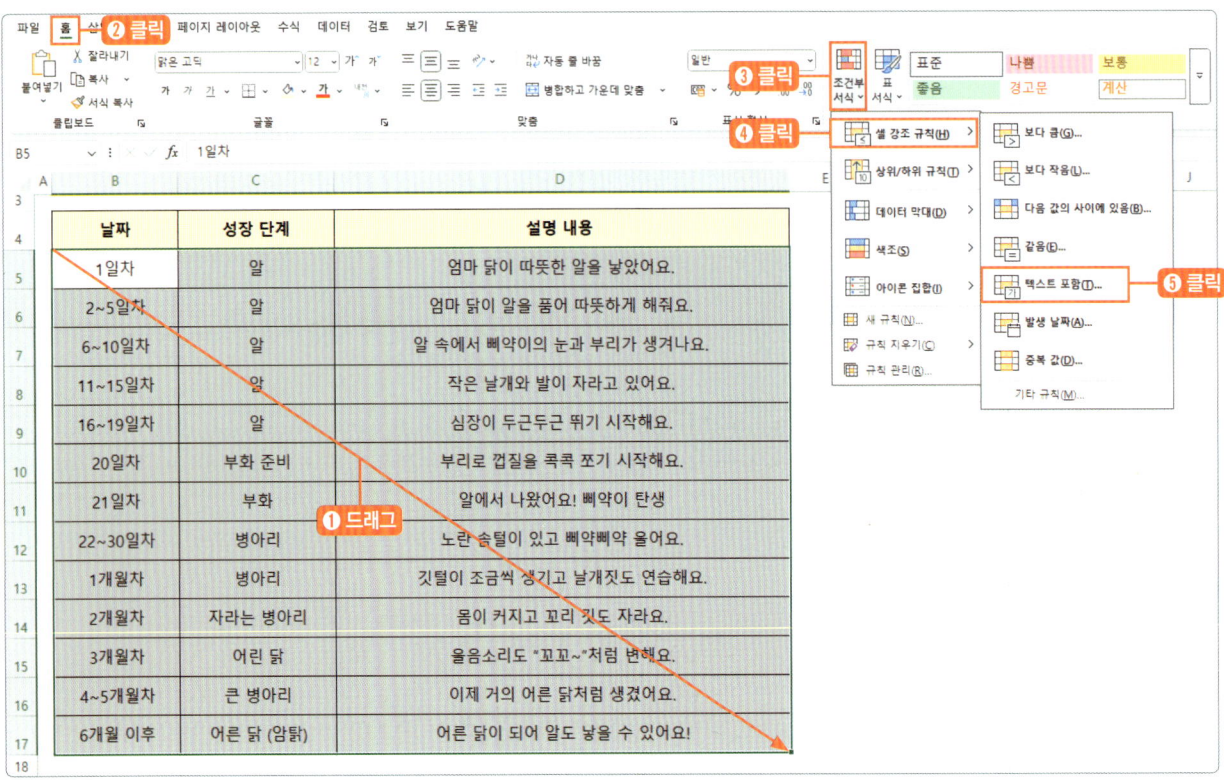

❷ '삐약이 탄생'을 입력하고 '진한 노랑 텍스트가 있는 노랑 채우기'로 변경한 다음 <확인> 단추를 클릭해요.

※ '삐약이 탄생'이라는 단어가 들어간 셀에 색을 칠해요.

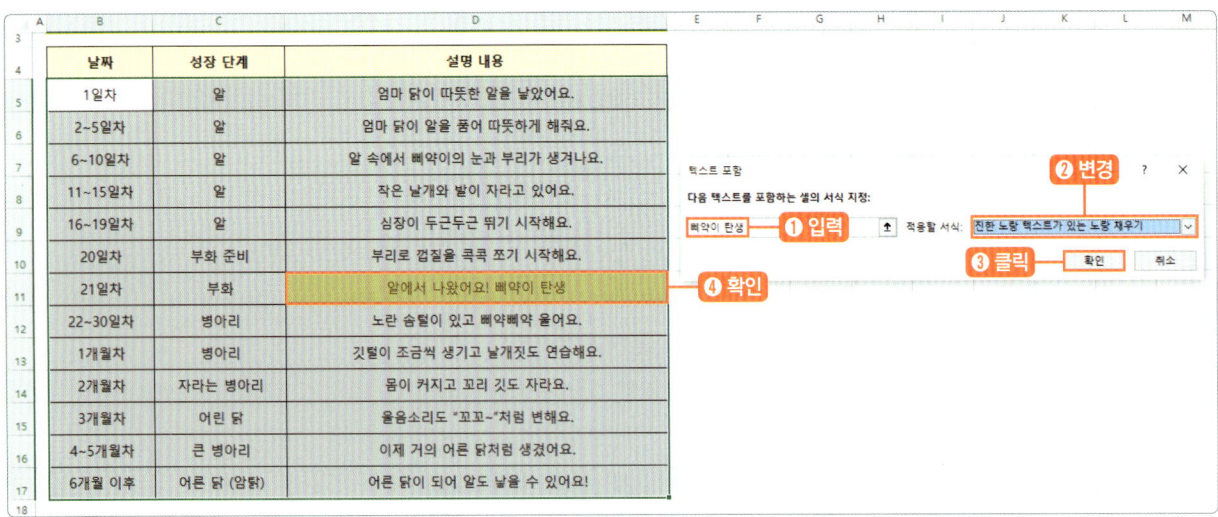

❸ '병아리' 단어가 포함된 셀에 '진한 녹색 텍스트가 있는 녹색 채우기' 서식을 적용해요.

※ '병아리'라는 단어가 들어간 셀에 색을 칠해요.

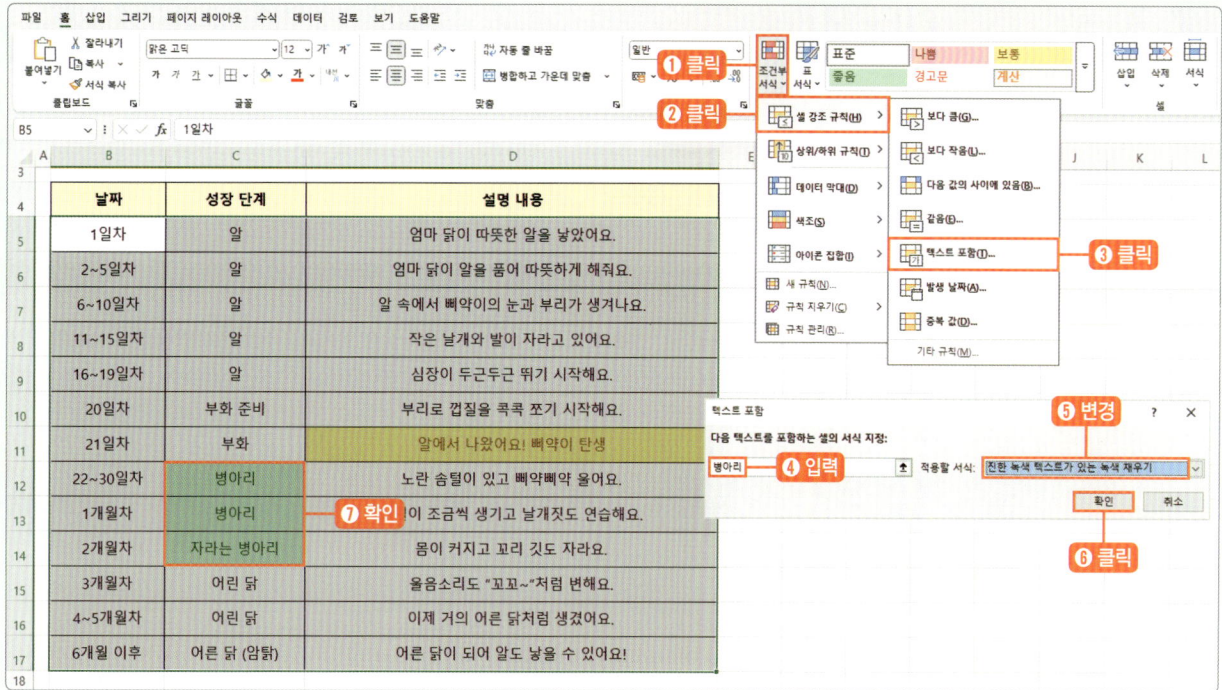

❹ 조건부 서식을 사용해서 삐약이의 탄생과 병아리 시절을 한눈에 볼 수 있어요! 완성된 파일은 저장할 폴더를 선택한 후, 파일 이름은 '삐약이의 성장과정(완성).xlsx'로 저장해요.

CHAPTER 22 미션! 뚝딱뚝딱!

■ 불러올 파일 : 천리마 성장과정.xlsx   ■ 완성된 파일 : 천리마 성장과정(완성).xlsx

01 내 맘대로 사고력으로 문제해결능력 UP

귀여운 아기 말 '천리마'가 태어났어요! 조건부 서식을 적용해서 성장 과정을 꾸며보세요.

미션 1) '망아지'를 '천리마'로 바꿔요.

미션 2) '청소년' 단어가 포함된 셀에 '진한 녹색 텍스트가 있는 녹색 채우기' 서식을 적용해요.

미션 3) '천리마'의 청소년 시기가 언제일까요? ＿＿＿년 ＿＿월 ＿＿일

02 학습 게임으로 타자 실력 UP

혼자하는 타자 게임 또는 친구들과 대전 게임으로 승부를 겨루어 보아요.

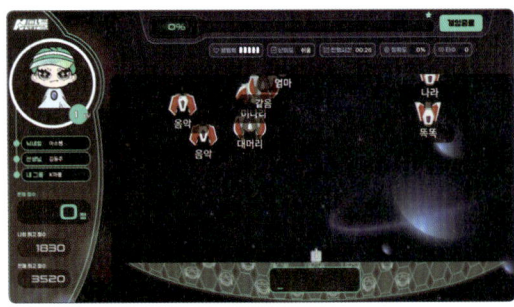

▲ 혼자 게임

▲ 대전 게임

CHAPTER 23. 잠자는 뇌를 깨우는 5분 스트레칭

4분 K마블 타자연습으로 잠자는 손가락을 깨워요^^   평균 타수:

연습하고 싶은 학습 게임을 선택해서 연습해 보아요.

1분 넌센스 퀴즈로 잠자는 뇌를 깨워요^^

동물과 관련된 속담이에요. 설명을 읽고 '○' 표시 안에 들어갈 동물을 맞춰주세요!

| 발 | | 없는 | ○ | 이 | 천 | 리 | 간 | 다 | . |

동물 ○은 발이 있지만 사람들 입에서 나오는 ○은 발이 없어요. 입에서 나오는 ○이 발이 있는 ○보다 더 빠르고 멀리 퍼진다는 뜻으로 소문은 빠르니까 ○조심해야 한다 라는 뜻을 가진 속담이에요.

CHAPTER 23 동물들이 하루에 먹는 먹이의 양

이런걸 배워요!
- 피벗테이블을 사용하여 데이터를 원하는 모양으로 변경할 수 있어요.

📁 불러올 파일 : 동물 먹이.xlsx   📁 완성된 파일 : 동물 먹이(완성).xlsx

01 피벗 테이블 만들기

❶ [Excel 2021]을 실행한 다음 [불러올 파일]-[CHAPTER 23]-'동물 먹이.xlsx' 파일을 열어봅니다.

❷ [B2:E17] 셀을 드래그하고 [삽입] 탭-'피벗테이블'을 클릭해요.

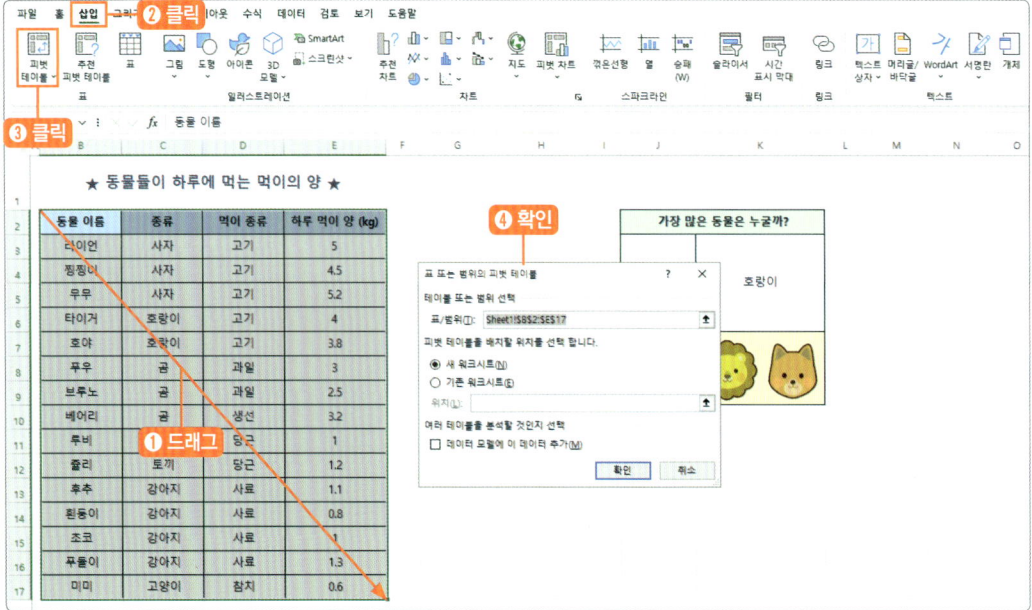

❸ [기존 워크시트]에 체크하고 [G2] 셀을 클릭한 다음 <확인> 단추를 클릭해요.

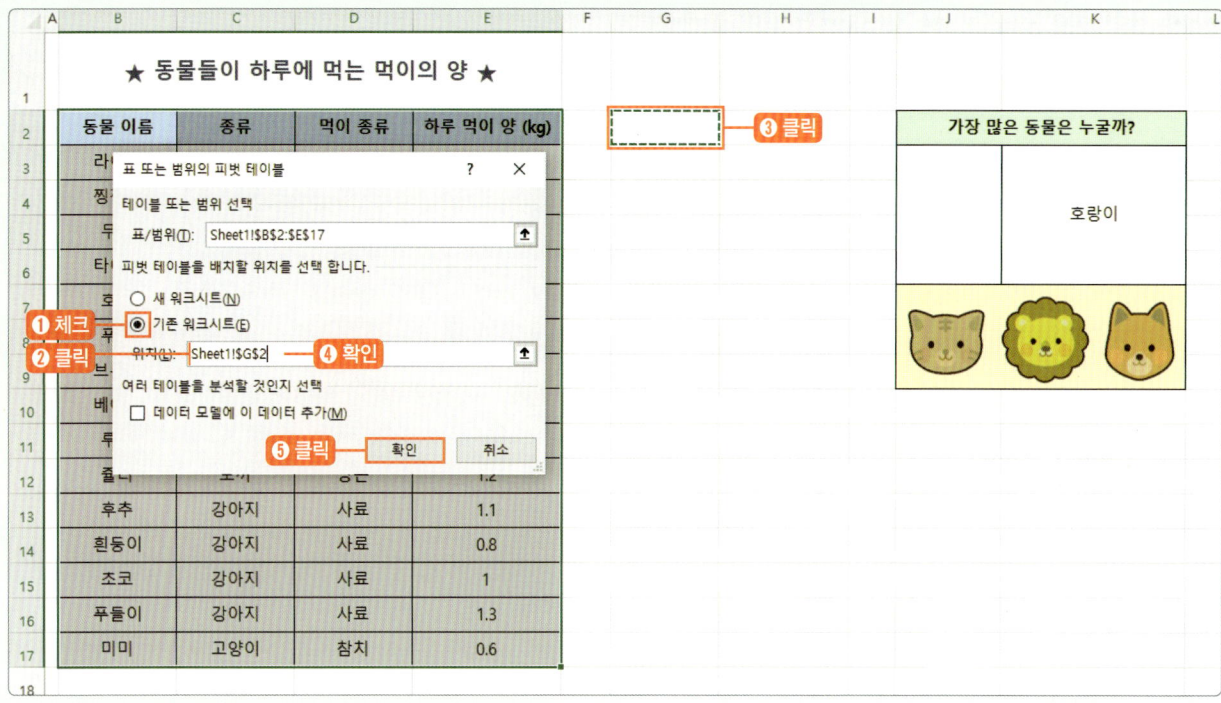

❹ [피벗 테이블 필드]에서 '종류'를 클릭하고 '행'으로 드래그해요.

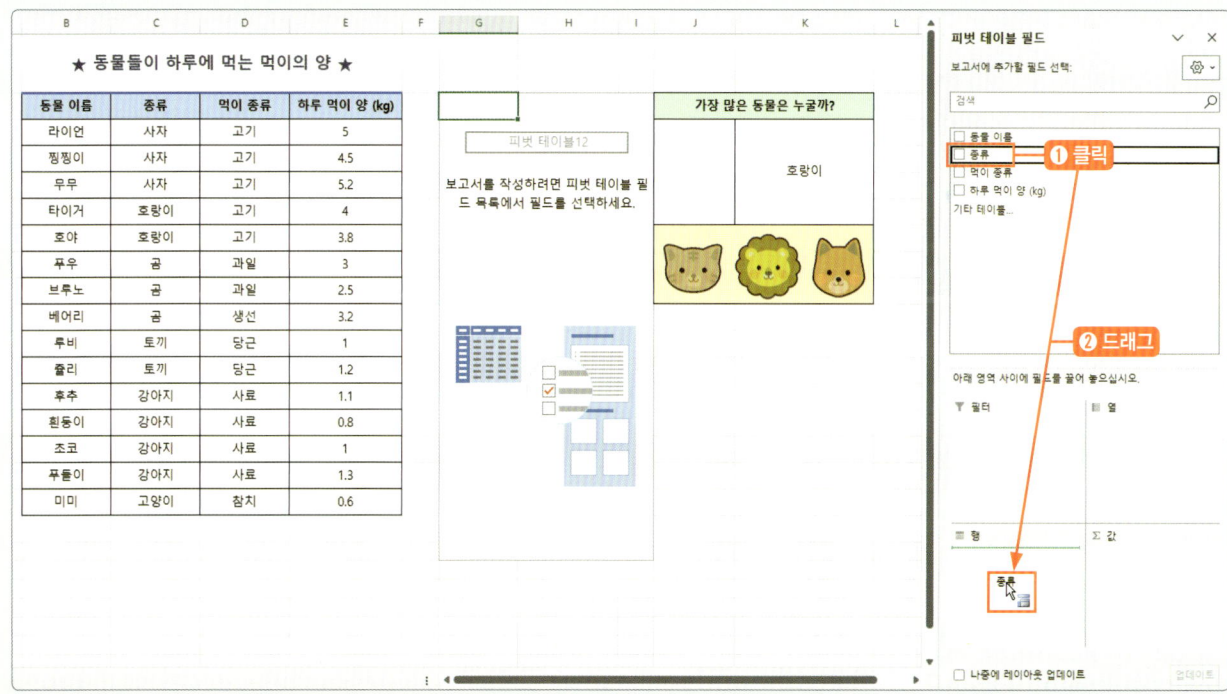

❺ 이어서, [피벗 테이블 필드]에서 '동물 이름'을 클릭하고 '값'으로 드래그해요.

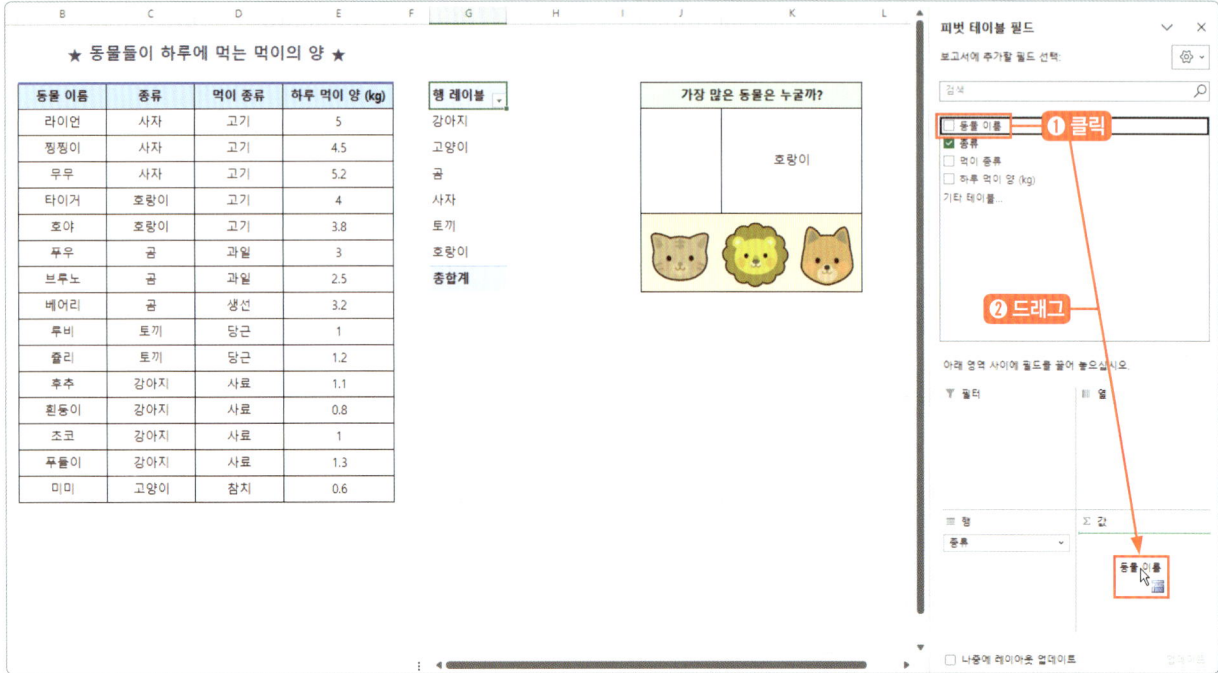

❻ [G2:H9] 셀에 피벗 테이블이 완성되었어요! 가장 많은 동물이 누군지 확인해 보세요.

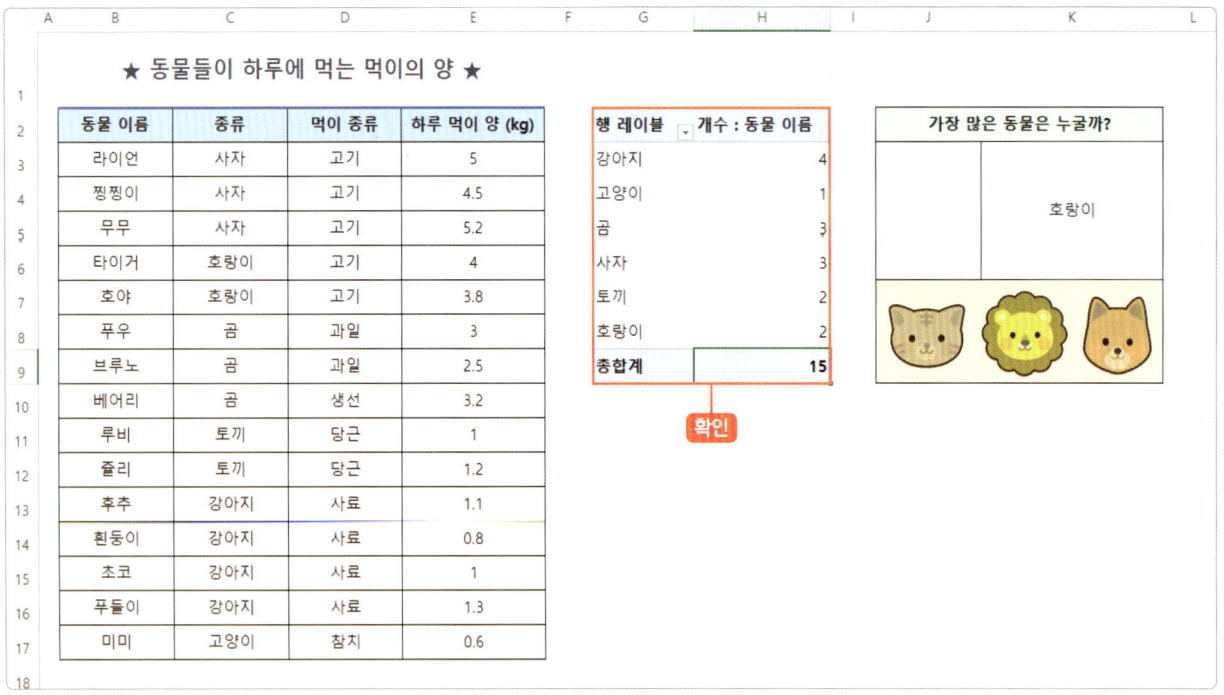

여기서 잠깐!

[피벗 테이블]은 똑같은 종류끼리 모아주고, 숫자들을 더하거나 평균을 내서 정리해주는 기능이에요!
직접 계산하지 않아도 종류별로 동물의 수를 쉽게 계산할 수 있어요.

가장 많은 동물 종류 찾아보기

❶ [K3] 셀의 목록 단추(▼)를 클릭하고 '강아지'를 선택해요.

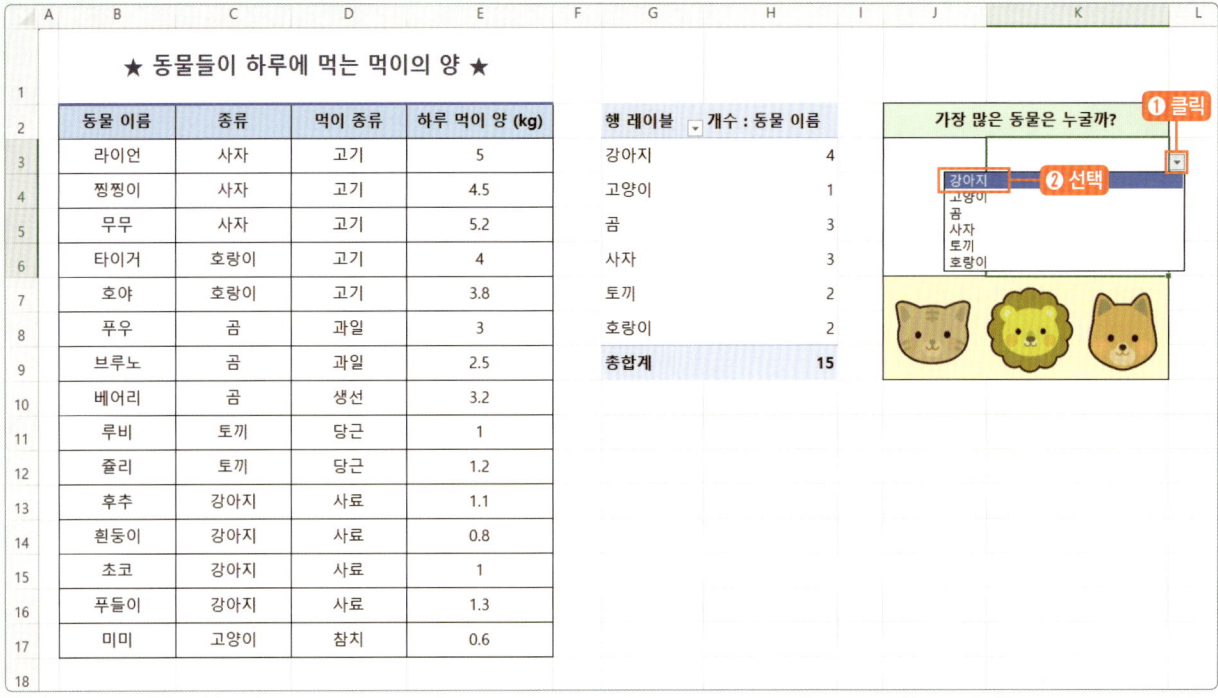

❷ '강아지' 그림을 선택하고 [J3:J6] 셀에 배치해요. 완성된 파일은 저장할 폴더를 선택한 후, 파일 이름은 '동물 먹이(완성).xlsx'로 저장해요.

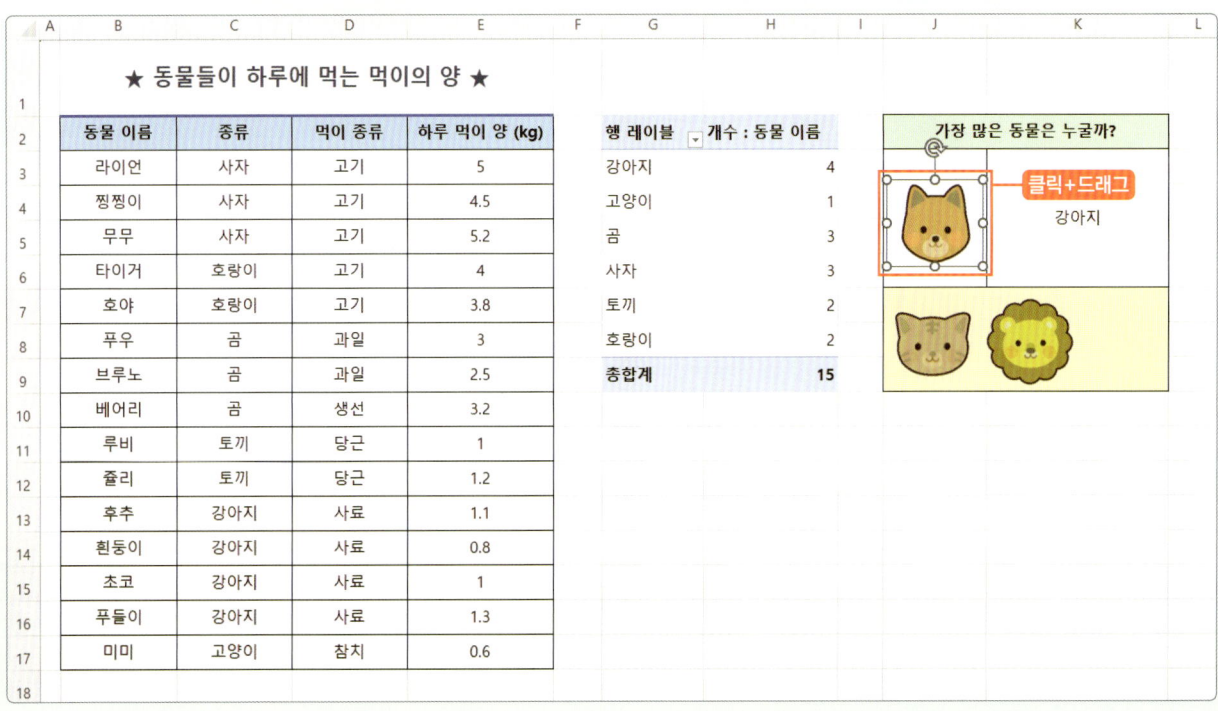

CHAPTER 23 미션! 뚝딱뚝딱!

■ 불러올 파일 : 동물원 방문 기록.xlsx   ■ 완성된 파일 : 동물원 방문 기록(완성).xlsx

01 내 맘대로 사고력으로 문제해결능력 UP

동물원 방문 기록 표 데이터를 이용하여 피벗 테이블을 만들고 관람 시간의 합계를 계산해요.

미션 1) [B2:F9] 셀을 드래그하고 [삽입] 탭-[피벗 테이블]을 클릭한 다음 [H2] 셀에 삽입해요.

미션 2) [학년]은 '행'으로, [동물종류]는 '열'로, [관람시간(분)]은 '값'으로 드래그해요.

미션 3) 완성된 피벗 테이블에서 총 관람 시간이 가장 많은 동물을 찾고 [C12] 셀에 동물 그림을 배치하고 [D12] 셀에 동물 이름을 입력해요.

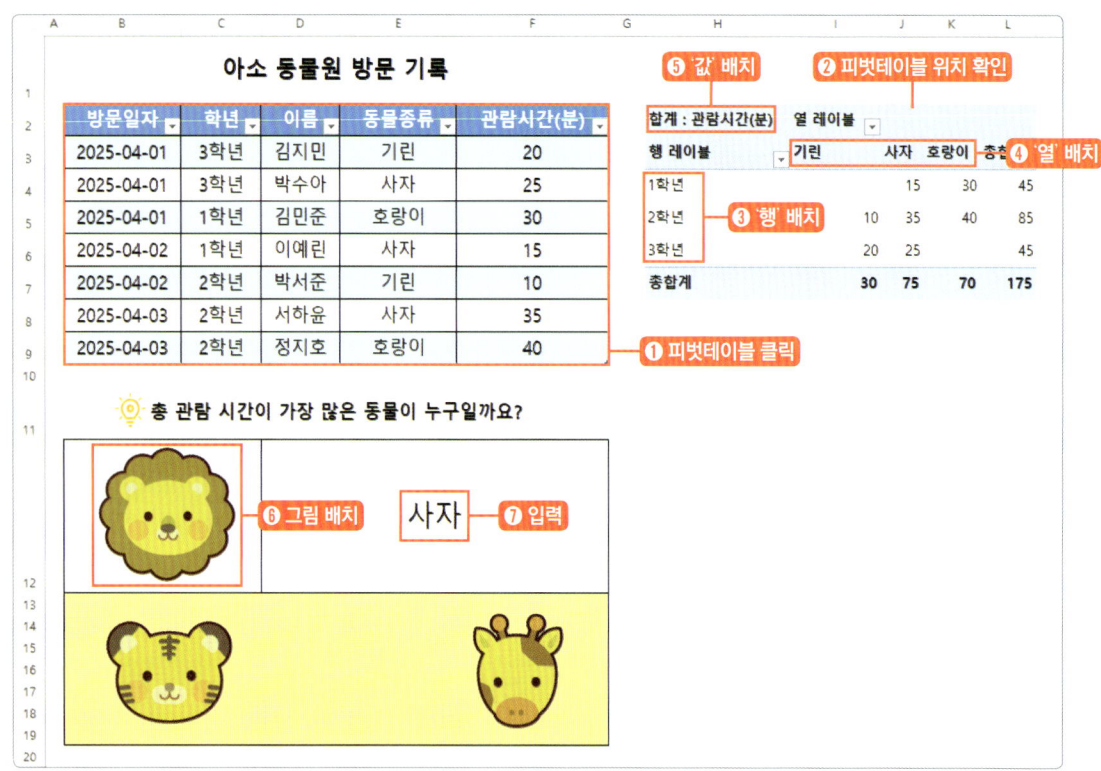

休 알아두면 좋은 생활 상식

잠시 쉬어가는

CHAPTER 24 : 내 맘대로 해결사 되기!

지난 세 개의 차시에서 배운 내용으로 스스로 해결해 볼까?

■ 불러올 파일 : 동물 축제.xlsx ■ 완성된 파일 : 동물 축제(완성).xlsx

오늘은 지난 세 개의 차시에서 배운 내용으로 하나의 작품을 만들어 볼 거예요. 아래 완성 이미지를 참고해서 스스로 해결해 보고 어려운 부분은 손을 들어주세요.

완성 작품

[작업 1] : 중복 항목 제거하기

코드	행사내용	신청대상	모집인원	행사요일	참가비
A-001	꼬물꼬물 친구들 탐험대	전체	30	월요일	120000
A-002	나는야 꼬마 동물 박사!	초등학생	25	목요일	80000
A-004	쭝긋! 소리로 만다는 동물 친구들	초등학생	35	화요일	100000
A-005	여기에는 누가 살고 있을까?	유치원생	20	수요일	120000
A-008	알쏭달쏭 동물 퀴즈~	초등학생	30	금요일	100000
A-009	숨은 동물 찾기!	전체	25	토요일	120000

[작업 2] : 피벗테이블 만들기

행 레이블	합계 : 모집인원
유치원생	20
전체	55
초등학생	90
총합계	**165**

■ 이렇게 만들어 보아요.(아래 지시사항과 힌트를 보면서 스스로 해결해 보아요.)

01 내 맘대로 사고력으로 문제해결능력 UP

중복 항목 제거하기

① [B2:G11] 셀 영역을 선택하고 [데이터] 탭-'중복된 항목 제거'를 클릭해요.
② '행사요일'을 기준으로 중복된 데이터를 제거해요.

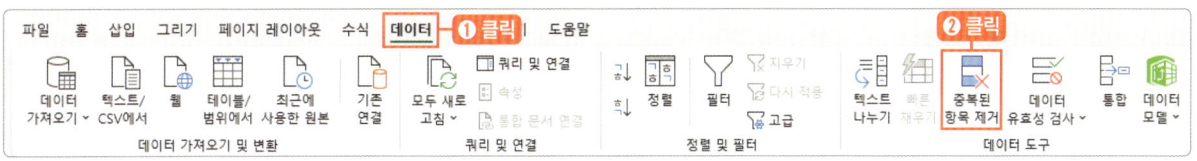

피벗 테이블 만들기

① [B2:G8] 셀 영역을 선택하고 [삽입] 탭-'피벗 테이블'을 클릭해요.
② 피벗 테이블의 위치를 기존 워크시트의 [I3] 셀로 설정해요.
③ 피벗 테이블 필드 목록에서 [신청대상]을 '행'으로, [모집인원]을 '값'으로 드래그해요.

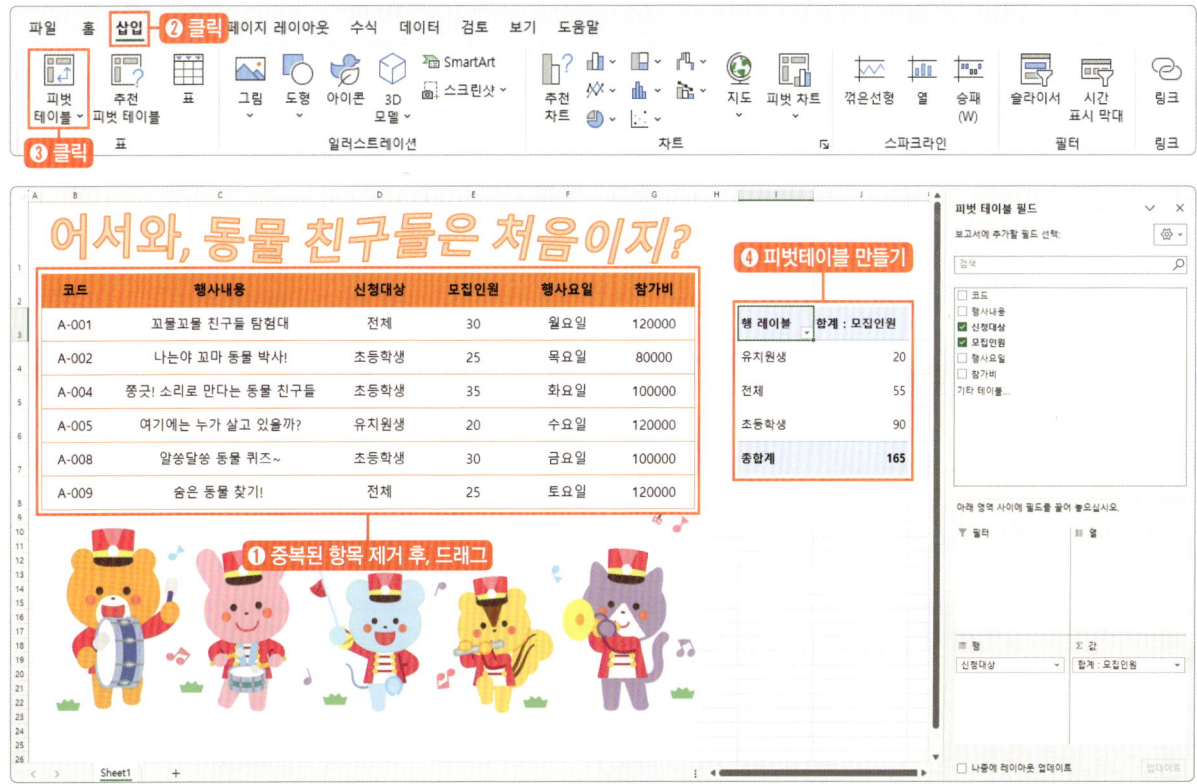

답안 전송 프로그램 소개

2025년 아카데미소프트의 새로운 **답안 전송 프로그램**

NEW 답안 전송 프로그램

- ▶ ITQ, DIAT 시험에 최적화된 **답안 전송 프로그램**
- ▶ 남은 작업 시간을 확인할 수 있는 **타이머** 기능 추가!
- ▶ 답안 전송 프로그램을 실행하면 시험 환경에 맞는 **자동 폴더 생성**
- ▶ **실제 시험장**과 유사한 작업 환경!
- ▶ 지속적인 **업데이트**로 프로그램 오류 최소화!

답안 전송 프로그램! UI 확인하기

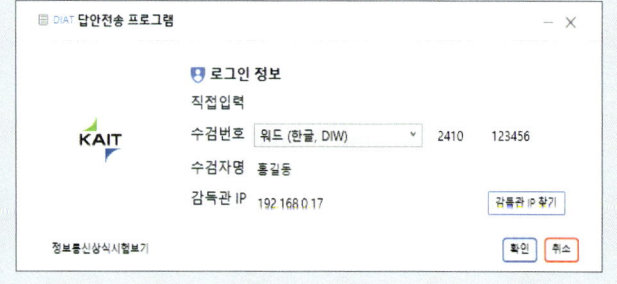

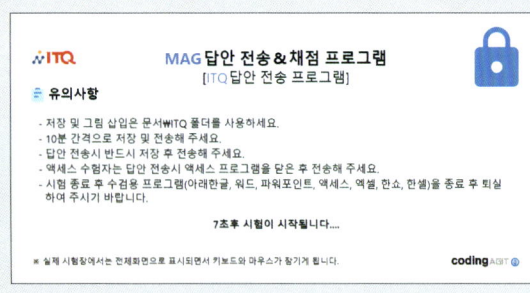

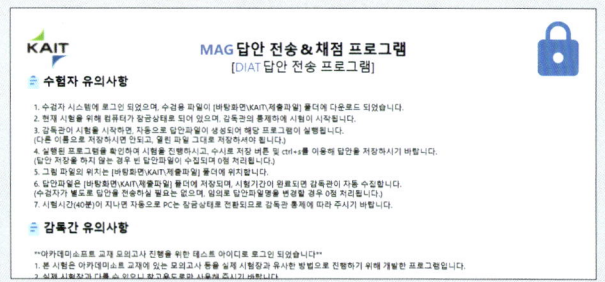

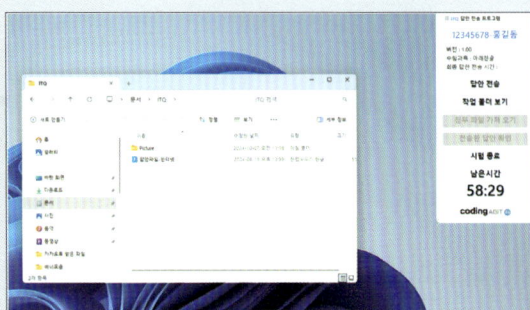

▲ ITQ 답안 전송 프로그램

▲ DIAT 답안 전송 프로그램

채점프로그램 MAG 소개

자격증의 새로운 변화!!

MAG 채점 프로그램

❶ 개인용 채점프로그램_MAG PER

▶ 개인을 위한 **채점프로그램**으로 각 자격증별 **시험 결과** 즉시 확인
▶ **오피스(한컴·MS)** 설치 없이 **즉시 채점** 가능!
▶ **인공지능**으로 채점율 UP

▲ 과목 선택

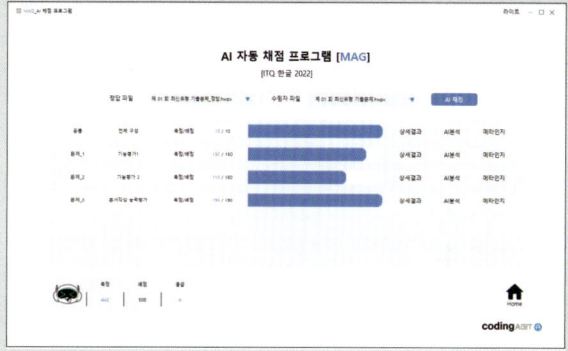
▲ 채점 결과

❷ 교육기관용 채점프로그램_MAG NET

▶ 선생님을 위한 또 다른 서비스를 제공합니다.
▶ 선생님을 위한 **온라인 채점프로그램**으로 접속한 수검자의 **시험 결과**를 실시간 확인
▶ 시험종료 후 **성적통계**로 문제별 부족한 부분과 단점을 완벽히 보완
▶ **인공지능**으로 채점율 UP

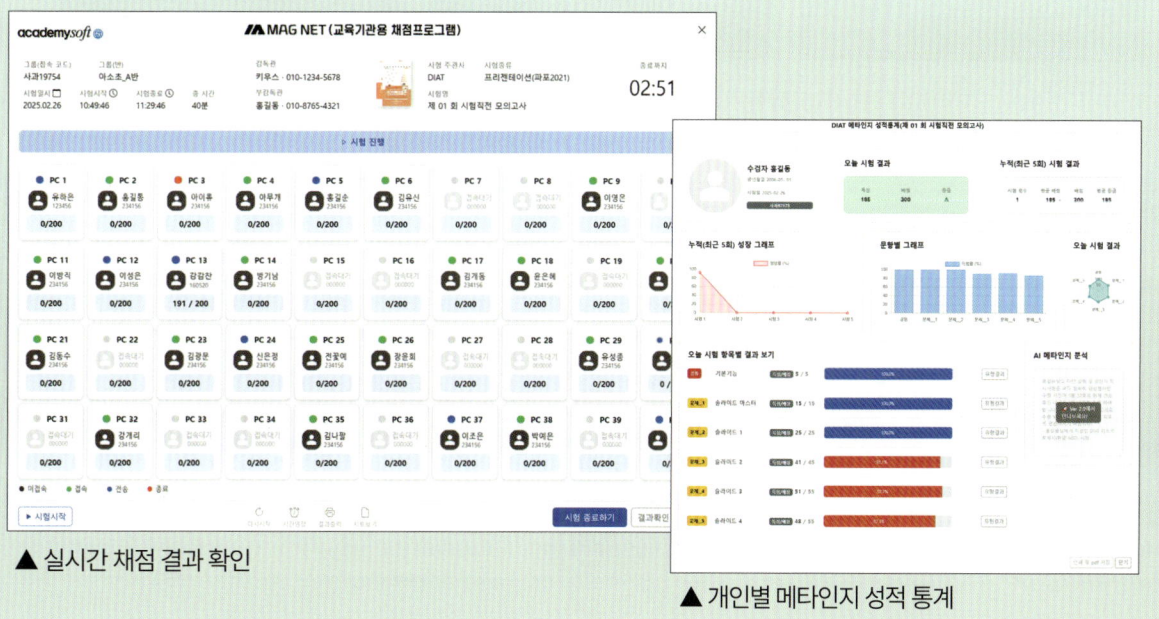
▲ 실시간 채점 결과 확인
▲ 개인별 메타인지 성적 통계

K마블 소개

아카데미소프트와 코딩아지트의 컴교실 타자 프로그램

 V2.0 업그레이드

[K마블이란?]

[K마블 인트로]

업그레이 된 K마블 V2.0을 만나보세요!

▶ 키우스봇과 함께하는 **무료 타자프로그램!**
▶ **영문 버전** 오픈
▶ 온라인 대전 **2 VS 2** 모드 출시
▶ 나만의 **커스텀 캐릭터** 기능 오픈

100% 무료 타자프로그램

K마블 V 2.0으로 한글·영문 타자연습 모두 가능해요!!

전체 메뉴

K마블 튜토리얼

커스텀 프로필

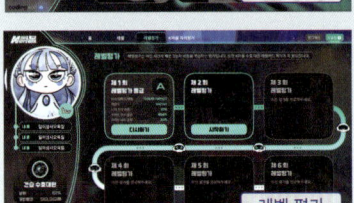
레벨 평가

영어 단어 연상게임

온라인 대전

▶ **커스텀 프로필**
자신의 캐릭터를 꾸밀 수 있는 기능이 추가되었습니다. 캐릭터의 머리, 얼굴, 옷, 장신구를 변경하여 자신만의 개성있는 캐릭터를 만들어 봅니다.

▶ **레벨평가 시안성**
레벨평가 화면이 이전 화면 보다 보기 좋게 변경되었습니다. 배운 내용을 복습하여 높은 점수에 도전해 봅니다.

▶ **영어 단어 연상 게임**
단어 연상 게임은 제시된 그림을 보고 연상되는 단어를 알아맞히는 게임입니다. 두 글자 부터 네 글자까지 다양한 단어를 학습해 봅니다.

▶ **온라인 대전 게임 - 영토 사수 작전**
친구들과 1 VS 1 또는 2 VS 2 온라인 대전 게임으로 오타 없이 빨리 타자를 입력하여 영토를 지배하는 게임입니다. 비슷한 타수의 친구와 대결하면 재미있는 승부를 볼 수 있습니다.

 ※ K마블 영어 버전의 원어민 음성 모드도 곧 지원됩니다.

컴퓨터 타자 활용 능력 자격 평가 안내

컴퓨터 자격증의 시작!
컴퓨터 타자 활용 능력

| 시행처 : 국제자격진흥원

[민간자격등록]
K마블 한글타자(2024-001827)
K마블 영문타자(2024-002318)

▶ **자격증 개요**

'컴퓨터 타자 활용 능력' 자격 평가 시험은 컴퓨터 입문자를 위한 기초 자격시험으로 ITQ 및 DIAT 등 컴퓨터 자격시험 이전에 간단한 타자 능력을 평가하는 기초 자격 평가 시험입니다.

▶ **시험 과목 및 출제 기준**

컴퓨터 기초 상식 + 마우스 + 키보드(타자)로 구성

시험과목	시간	문항수	배점	등급
컴퓨터 기초 상식	5	10	100	A등급 → 900점 이상
마우스 사용 능력	10	4	100	B등급 → 800점 이상
키보드(타자) 사용 능력	15	5	800	C등급 → 700점 이상
합계	30	19	1,000	D등급 → 600점 이상
				비기너 → 599점 이하

▶ **자격증 특징**

✓ 누구나 쉽게 온라인으로 진행
- 교육기관에서는 단체 시험을 누구나 쉽게 온라인으로 원서접수 및 자격시험을 볼 수 있습니다.
- 교육기관은 교육 현장에서 교육 후 바로 시험을 볼 수 있습니다.
- 개인 응시자도 방문 접수 및 집체 시험 없이 온라인으로 원서접수 및 자격시험을 볼 수 있습니다.

✓ 타자 능력을 평가하는 컴퓨터 기초 시험입니다.
- OA 과정 또는 ITQ 및 DIAT 등 컴퓨터 전문 자격증을 취득하기 이전에 필요한 기초 타자 자격 시험입니다.
- 컴퓨터를 처음 접하는 입문자들에게 컴퓨터 기초 지식과 타자 및 마우스 사용 능력을 평가하는 시험입니다.

✓ 학습과 시험이 간단 명료합니다.
- K마블과 교재로 학습하고 해당 내용에서 출제하는 간단한 시험입니다.

✓ 모든 시험이 CBT 방식으로 컴퓨터에서 모두 시행됩니다.
- 시험의 모든 과목이 컴퓨터에서 진행됩니다.

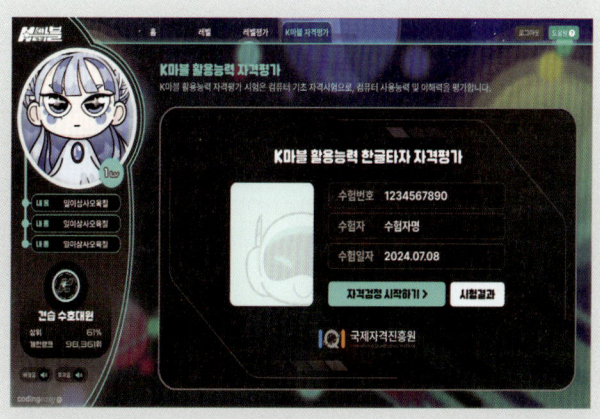

※ **2025년 하반기 첫 시험**이 시행됩니다. (별도 공지)

MEMO